अनामिका

पचास कविताएँ

नयी सदी के लिए चयन

वाणी प्रकाशन

वाणी प्रकाशन

4695, 21-ए, दरियागंज, नयी दिल्ली 110 002

फ़ोन : +91 11 23273167 फ़ैक्स : +91 11 23275710

शाखाएँ

अशोक राजपथ, पटना 800 004, बिहार

कॉफ़ी हाउस कैम्पस, महात्मा गांधी मार्ग, इलाहाबाद 211 001, उत्तर प्रदेश

महात्मा गांधी अन्तरराष्ट्रीय हिन्दी विश्वविद्यालय, वर्धा 442 001, महाराष्ट्र

सुल्तानिया रोड, मोतिया पार्क, भोपाल 462 001, मध्य प्रदेश

www.vaniprakashan.in
marketing@vaniprakashan.in
sales@vaniprakashan.in

PACHAS KAVITAYEN
NAI SADI KE LIYE CHAYAN
by Anamika

ISBN : 978-93-5072-219-0
Poetry Collection

प्रथम संस्करण 2012
आवृत्ति 2019

मूल्य : ₹ 95

सिटी प्रेस, दिल्ली-110 095 में मुद्रित

वाणी प्रकाशन का लोगो मक़बूल फ़िदा हुसेन की कूची से

क्रम

मानिनी

मैंने पानी पिया चार बार, पैंतीस बार घड़ी देखी,
सत्रह दफा खिड़की।
पूरा घर साफ किया सातेक बार, फोन मगर नहीं किया।
स्कूल की प्रार्थनाओं से लेकर
'विनय पत्रिका' तक की कई प्रार्थनाएँ
मन-ही-मन दोहराईं,
तैंतीस बार पोंछी लालटेन, फोन नहीं किया!
चप्पल पहनी—खोली-पहनी, पर गयी नहीं, नहीं गयी।
फिर अचानक याद आया,
कहते थे बाबा—
दुविधा हो, खाऊँ कि नहीं,
कभी मत खाओ,
जाऊँ कि नहीं
तो जाओ जरूर।
एक बार होने-होने को हुई
बाबा की अज्ञाकारी पोती,
लेकिन फिर बाबा को समझा दिया
और बैठी रह गयी
मारकर आलथी-पालथी!
छीके पर टँगा हुआ है मेरा मन वैसे,

और जानती हूँ मैं ये भी
कि बिल्ली के भाग से छीका नहीं टूटता,
फिर भी तो देख रही हूँ छीके की ओर
मैं एकटक
बाल-पोथी, भाग दो-वाली
मानो बिल्ली बनकर!

नमक

नमक दुःख है धरती का और उसका स्वाद भी!
पृथ्वी का तीन भाग नमकीन पानी है
और आदमी का दिल नमक का पहाड़
कमजोर है दिल नमक का
कितनी जल्दी पसीज जाता है!
गड़ जाता है शर्म से
जब फेंकी जाती हैं थालियाँ
दाल में नमक कम या ज़रा तेज़ होने पर!
वो जो खड़े हैं न—
सरकारी दफ्तर—
शाही नमकदान हैं।
बड़ी नफासत से छिड़क देते हैं हरदम
हमारे जले पर नमक!
जिनके चेहरे पर नमक है—
पूछिए उन औरतों से—
कितना भारी पड़ता है उनको
उनके चेहरे का नमक!
जिन्हें नमक की कीमत
करनी होती है अदा—
उन नमकहलालों से

रंज रहता है महासागर।
दुनिया में होने न दीं उन्होंने क्रान्तियाँ,
रहम खा गये दुश्मनों पर!
गाँधी जी जानते थे नमक की कीमत
और अमरूदों वाली मुनिया भी!
दुनिया में कुछ और रहे-न-रहें—
रहेगा नमक—
ईश्वर के आँसू और आदमी का पसीना—
ये ही वो नमक है कि जिससे
थिराई रहेगी ये दुनिया।

नमस्कार, दो हजार चौंसठ

नमस्कार, दो हजार चौंसठ!
नमस्कार, पानी!
कैसे हो? इन दिनों कहाँ हो?
नमस्कार, मेपल के पत्तो,
तुमको बरफ की शकल याद है न?
दूर वहाँ उस पहाड़ की चोटी पर उसका घर था,
कभी-कभी घाटी तक आती थी—
मनिहारिन-सी अपनी टोकरी उठाये :
दिन-भर कहानियाँ सुनाती थी परियों की!
कैस तुम भूल गये उसको?

नमस्कार, नदियो!
दुबली कितनी हो गयी हो।
आँखों के नीचे पसर आये हैं साये!
क्या स्वास्थ्य अच्छा नहीं रहता?
स्वास्थ्य केन्द्र चल तो रहा है?
कैसा है पीपल का पेड़ और ढाबा?
कई बरस पहले
मुझे ट्रेन में एक लड़का मिला था,
उसकी उन आँखों में

इस पूरी दुनिया की बेहतरी का सपना था!
क्या तुमने उसको कहीं देखा?
उसके ही नाम एक चिट्ठी है,
एक शुभकामना-संदेश मंगल-ग्रह का :
चाँद की मुहर उस पर है
आयी है कोरियर से लेकिन
पता है अधूरा,
मोबाइल नम्बर भी है आधा मिटा हुआ!
क्या मिट्टी कर लेगी इसको रिसीव
उसकी तरफ से?
आओ, अँगूठा लगाओ, मिट्टी रानी,
नमस्कार!
अच्छा है—कम-से-कम तुम हो—
पीछे-पीछे दूर तक मेरे—
उड़ती हुई!

खिचड़ी

इतने बरस बीते, इतने बरस!
संतोष है तो बस इतना
कि मैंने ये बाल
धूप में तो सफेद नहीं किये!
इन खिचड़ी-बालों का वास्ता,
देखा है संसार मैंने भी थोड़ा-सा!
दुनिया के हर कोने
क्या जाने क्या-क्या खिचड़ी पक रही है :
संसद में, निर्णायक मंडल में,
दूर वहाँ इतिहास के खंडहरों में!
'चाणक्य की खिचड़ी' से लेकर 'बीरबल की खिचड़ी' तक
सल्तनतें हैं और रणकौशल!
मुझे खिचड़ी-भाषा से कोई शिकायत नहीं!
खिचड़ी गरीब मेहनतकश का
सबसे सुस्वादु और पौष्टिक भोजन है
पर मैं सुपली में फटककर
कुछ कंकड़ चुन लेना चाहती हूँ!
और तब धो-धोकर
सीधा डबका लेना चाहती हूँ अपना सच
सादा ही

नमक-मिर्च मिलाये बिना!
डबकाना चाहती हूँ अपना सच
उस बड़े सच की हड़िया में जो साझा है!
और चाहे जो हो—साझी सच्चाई
काठ की हड़िया नहीं है
कि दुबारा न चढ़े आँच पर!
रोज वह करती है आग की सवारी,
रोज रगड़घस सहती है हमारी-तुम्हारी!
मुझे खिचड़ी-भाषा से कोई शिकायत नहीं!
छौंक के करछुल में जीरा बराबर
चटक रहे हैं मेरे सपने—
इसी में!

तलाशी

उन्होंने कहा—"हैंड्स अप"!
एक-एक अंग फोड़कर मेरा
उन्होंने तलाशी ली!
मेरी तलाशी में मिला क्या उन्हें?
थोड़े-से सपने मिले और चाँद मिला—
सिगरेट की पन्नी-भर,
माचिस-भर उम्मीद, एक अधूरी चिट्ठी
जो वे डीकोड नहीं कर पाये

क्योंकि वह सिंधु घाटी सभ्यता के समय
मैंने लिखी थी—
एक अभेद्य लिपि में—
अपनी धरती को—
'हलो धरती, कहीं चलो धरती,
कोल्हू का बैल बने गोल-गोल घूमें हम कब तक?
आओ, कहीं आज छूटते हैं तिरछा
एक अगिनबान बनकर
इस ग्रहपथ से दूर!'

उन्होंने चिट्ठी मरोड़ी
और मुझे कोंच दिया कालकोठरी में।
अपनी कलम से मैं लगातार
खोद रही हूँ तबसे
कालकोठरी में सुरंग!

कान लगाकर सुनो—
धरती की छाती में क्या बज रहा है!
क्या कोई छुपा हुआ सोता है?
और दूर उधर—पार सुरंग के—वहाँ
दीख रही है कि नहीं दीखती
एक पतली रोशनी
और खुला-खिला घास का मैदान!
कैसी खुशनुमा कनकनी है!
हो सकता है—एक अधबना गीत गुजरा हो
कल रात इस राह से!
नन्हे-नन्हे पाँव उड़ते हुए—से गये हैं।
ओस-नहायी घास पर!

फिलहाल बस एक परछाईं
ओस के होंठों पर
थरथराती-सी बची है!

पहला एहसास किसी सृष्टि का
देखो तो—
टप-टप
टपकता है कैसे!

चुड़ैल

"क्योंकर हुआ करते हैं उल्टे पाँव चुड़ैलों के?
क्योंकर चुड़ैलें बन जाती हैं
जच्चा-घर में टन्न बोल गयीं औरतें?"
डरते-डरते मैंने नानी से पूछा था!
नानी थी फूलों की टोकरी!
जब भी हम घबराते–
इसमें ही ढूही लगाते।
ज्यादातर प्रश्नों के उत्तर थे उसी टोकरी में
लेकिन जिन प्रश्नों के उत्तर नहीं थे,
यह प्रश्न उनमें ही होगा
क्योंकि उसने प्रश्न सुनते ही
नाक की नोंक से चश्मा उठाया,
अपनी कमर सीधी की
और सुतरी खींच ली
मुँह के बटुए की!

ज़िन्दगी ऐसी कटी
मुझे रह-रहकर आती रही याद नानी
और कभी छट्ठी का दूध भी
अनुत्तरित प्रश्नों की पोटली

तकिए के नीचे धरे
एक दिन मैं भी मरी,
और मरी भी कहाँ?
जच्चा घर में ही!
एक साथ ही मिल गये मुझको
मेरे उन प्रश्नों के उत्तर
जब उलटे पाँव लौट आयी मैं दुनिया में!
लौटना जरूरी था
और जरूरी था देखना—
मेरी वह दुधमुँही सलामत तो है न!
दीए पर ठीक से पड़ा है कि नहीं पड़ा
उसका कजरौटा!
हाँ, उलटे हैं मेरे पाँव,
पर दुनिया में मुझको कोई भी औरत दिखा दो
जो उलटे पाँव नहीं चलती,
व्यतीत में जिसके
गड़ा नहीं कोई खूँटा!
भागती नहीं औरतें—
लौट आती हैं उलटे पाँव,
अमराई के खाली झूले और पालने
लू के थपेड़ों से नहीं झूलते,
ये ही झुलाती है उन्हें—
हर बार ही
उलटे पाँव लौटकर!

मातृभाषा

छुट्टी के दिन बैठ जाता हूँ कभी-कभी
मिनट-दस मिनट को मैं माँ के सिरहाने!
चाहता हूँ कि कहूँ कुछ-कुछ
लेकिन फिर बात ही नहीं सूझती।
वो ही उत्साहित-सी
करने लगती है तब बचपन की बातें
बैक गियर में ही हरदम चलाती है माँ अपनी गप-गाड़ी,
'जब तू छोटा था' से ही शुरू होती है
उसकी बेताल पचीसी!
पुश्तैनी गहनों और पीतल के गागर-परात की तरह
माँ सँजोए बैठी है अब तक मेरे सब यक्ष प्रश्न,
कुछ चुटकुलेदार वाक़ये
और ठस्सेदार शब्द मातृभाषा के!
माताएँ दूध पिलाकर सिर्फ आपको नहीं पोसतीं!
पोसतीं हैं वे अनेरुआ कई शब्द ऐसे
जो कभी शब्दकोशों के सिंहासन नहीं चढ़ते,
पर जान होते हैं भाषा की!
भाषाएँ मातृभाषा होती हैं माँओं के दम से
और माँ के दूध की गंध आती है हर मातृभाषा से!
माँओं के बचाये हुए ही बचती है भाषा!

क्या होता मेरी हिंदी का माँ के बिना?
सोचता हूँ, लिखूँ माँ को एक चिट्ठी
पृथ्वी जितनी बड़ी,
लेकिन कम्प्यूटर में फॉण्ट नहीं हिन्दी के,
आठवीं कक्षा में ही मेरी छूट गयी हिन्दी
और क़लम की मुँहलगी हो गयी एक ऐसी भाषा
जो दूर-दूर तक किसी की नहीं थी,
'माई गॉड', 'शि-हिट', 'शट-अप' और 'येस-नो' से
दगी हुई यह भाषा
आवेदन अच्छे लिख सकती थी
पर माँ को चिट्ठी कैसे लिखती?
माँ वाली चिट्ठी की भाषा
सपनों की भाषा हो सकती थी पर फिर स्मृतियों की!
'हाँ-ना' के बीच के उर्वर-प्रदेश में
ओस का दुशाला ओढ़े खड़ी भाषा,
हरी-भरी और मन-भरी भाषा
हिन्दी ही हो सकती थी!
धीरे-धीरे मेरी छूट गयी माँ-भाषा,
क्या माँ भी छूट जाएगी!
डर लगता है सोचकर ही।
माँ को लगातार तंग किया है मैंने,
और कभी खुलकर माफ़ी भी नहीं माँगी,
एक विदग्ध मौन से काम चला लिया है हरदम!
'परिपक्वता' शायद इसको ही कहती है सभ्यता!
इतना समझाता हूँ
लेकिन यह नहीं समझ पाता—
क्यों हर फल

परिपक्व होते ही
टप टपक जाता है
अपनी ही डाली से!

पगड़ी

माँ कहती थी–'भूले से भी
कुछ ऐसा मत करना, बेटी
जिससे उछल जाए बाबा की पगड़ी!'

जब भी बाबा जाते बाहर,
धीरे से पगड़ी उठाते,
मैं भी मचल जाती, फिर से माँ समझाती–
'जा तो रही है तू
सिर चढ़ा रखा है तुझको ही
तू ही है बाबा की पगड़ी!'

भैया आगे-आगे दौड़ता
खिड़की पर खड़ी-खड़ी मैं सोचती
'सिरमौर मैं हूँ बाबा का,
मैं ही तो हूँ उनकी छाया कंलगीदार,
माथे पर चटके प्रचण्ड धूप तब भी मैं
उनको लू लगने नहीं देती!'
जब बाबा नहीं रहे,
भैया का मुकुट बन गयी
बाबा की पगड़ी।

लेकिन अब हालात ऐसे हैं,
एक पगड़ी मुझे भी चाहिए,
'सात महीने का एडवांस,
ऊपर से पगड़ी'
इंटरनेट पर सूचना है!
किराये का घर चाहिए तो ये पगड़ी
देनी ही होगी!
सर्च... क्लिक... क्लिक... सर्च... क्लिक!
कर लूँगी इसका भी इंतजाम
जैसे कि मजदूरनी रखती है गमछी के गोले पर
बालू की तगड़ी,
मैं सारी दुनिया उठा लूँगी माथे पर
अपने ही आंचल की बाँधे हुए पगड़ी।

हत्या

सुबह मैं नहीं पढ़ती अखबार,
रात को मुँह छुपा लेती हूँ उससे!
कहीं एक हत्यारा
मुझमें छुपा है जरूर,
कभी-कभी वह मेरे सपनों की कुंडी
खटकाता है,
बैठता है चुकू-मुकू पास आकर
और मच्छर हाँकता मुझसे
करता है रात-भर जिरह–
'हत्या कभी भी अचानक नहीं होती।
घृणा एक अवसाद है
जो भीतर जमती जाती है
धीरे-धीरे
जैसे कि ताँबें की लुटिया पर
ये देखो ये–ये चकत्ता,
भद्दा, फीरोजी चकत्ता।'
मैं उससे लड़ती हूँ,
पानी से, मिट्टी से,
धीरज से, कौशल से
माँजा नहीं जाता ताँबा क्या?'

लेकिन वो सुनता नहीं, सिर्फ कहता है,
'सब अधूरी कामनाएँ
अंगरेजी राज के
ठगों की तरह
कुठौर घेर लेती हैं
और माँगने लगती हैं चुंगी।
जंगल का सबसे छोटा रास्ता जानती हैं ये।
धैर्य की सरहद के पार
हो जाती हैं चुटकियों में!
हत्यारा है राजा
और सभासद हत्यारे हैं,
हम क्या, हम किस्मत के मारे हैं!
गिरफ्तार पानी हैं हम–
छोटे बरतन में गिरफ्तार!
बास मारते हैं, जहरीले हैं,
चाहते हैं, बह निकलना पर
कैसे बहें।
क्या करें।
वह जाना या बह निकलना
कई बार वश में नहीं होता है आपके।
यदि आप बरतन में गिरफ्तार हो ही गये–
गिरफ्तार माने गिरफ्तार।
अब तो कोई और आए,
थोड़ा-सा आपको झुकाए,
थोड़ा-सा पी जाए, थोड़ा बहाए
आपको
आपकी

सरहद के बाहर
तो बात बने।'
मैंने फिर कुछ नहीं कहा,
मूँद ली आँखें।
अखबार से मुँह छुपाए।

टूटी हुई छतरी

आधी खुली हूँ मैं—
कुलबुला रहे हैं कृमि-पतंग
मेरी छाया में,
छत तो हूँ
लेकिन कुछ ढही हुई!
बहुत तेज बारिश जब
तान देती थी चँदोवा,
छुप जाते थे जोड़े खंडहरों में, खोहों में!
वैसे ही छुपे हुए बैठे हैं मुझमें
कुछ एहसास
बीती हुई बारिशों के।
बूँदें जो सूखती हुई
चुम्मी-सी छोड़ गयी थीं
धूल के कपोलों पर,
काँपती हैं फिर-फिर
मेरे पोरों में अब भी
जब-जब चलती है हवा :
बेचैन बड़े-बड़े डग भरती!
काँपती है फिर-फिर मेरी त्वचा भी—
काली, मटमैली—

आधी तो लगी हुई पंजर से
और आधी यों ही झूलती हवा में
जैसे पपड़ी हो
किसी घाव की!
चलो, अच्छा है, सूख रहे हैं मेरे घाव,
थोड़ी तिरछी होकर पड़ती है
मुझ पर ही
मेरी यह छाँव!
मेरे इन छिद्रों से
आती है धूप वहाँ कोने में अब भी
मेरा हाल लेने,
एक चटाई-सी बिछाती है
और टिफिन में भरकर लायी गयी
'चटपट बनाओ' शृंखला के
पकवान भी खिलाती है!
जितना पच जाये—वही अपना है,
जितना रच पाये—वही सपना है!
इस स्वप्न-संध्या में
एक झुटपुटा है,
यह झुटपुटा ही अब मेरा ख़ुदा है!

मृत्यु

उसकी उमर की क्या है!
मेरे ही सामने की
उसकी पैदाइश है।
पीछे लगी रहती है मेरे
कि टूअर-टापर वह
मुहल्ले के रिश्ते से मेरी बहन है!
चौके में रहती हूँ तो
मेरे सामने ही मारकर आलथी-पालथी
आटे की लोई से चिड़िया बनाती है।
आग की लपट-जैसी उसकी जटाएँ
मुझसे सुलझती नहीं लेकिन
पेशानी पर उसकी
इधर-उधर बिखरी
दीखती हैं कितनी सुन्दर!
एक बूँद चमचम पसीने की
गुलियाती है धीरे-धीरे पर
टपके—इसके पहले
झट पोंछ लेती है उसको वह
आस्तीन से अपने ढोल-ढकर कुरते के!
कम-से-कम पच्चीस बार

इसी तरह
हमको बचाने की कोशिश करती है
हमारे टपकने के पहले!
कभी-कभी वह
लगा देती है झाड़ू घरों में।
जिनके भी कोई नहीं होता—
उन कातर वृद्धाओं की
कर देती है जमकर खूब तेल मालिश।
दिन-दिन-भर उनसे बतियाती है जो-सो।
जब किसी को ओठ गोल किये
कुछ बोलते देखें—
बस समझ लें—वह खड़ी है वहाँ
या ऊँघ रही है वहीं खटिया के नीचे—
छोटा-सा पिल्ला गोद में लिये।
बड़े रोब से घूमती है वह
इस पूरे कायनात में।
लोग अनेदखा कर देते हैं उसको
पर उससे क्या?
वह तो है लोगों की परछाईं!
और इस बात से किसको होगा भला इंतजार—
आप लाँघ सकते हैं सातों समुन्दर,
अपनी परछाईं नहीं लाँघ सकते।

सच रेडीमेड नहीं मिलता

सच रेडीमेड नहीं मिलता,
सबको बुनना पड़ता है
अपने-अपने नाप का!
कभी किसी पिछले जनम में
सच एक ऊनी दुशाला था
कबीर के ताने-बाने से बुना हुआ!
एक साथ सब उसमें
गुड़ी-मुड़ी हो बैठ जाते
और तापते सिगरी किस्सों की!
बाबा बाहर जाते तो तहाते उसको
ऐसे कौशल से कंधे पर कि
चिप्पियाँ दिखाई नहीं देतीं,
अम्मा ताकीद लगातार किया करतीं
कि पाँव उतने पसारिए
जितनी लम्बी सौर हो!
सपनों के पाँव मगर हरदम ही
सच की चदरी के बाहर झाँक जाते!
स्कूल के रास्ते में बाजार पड़ता!
रोज हमें दीखते
लाल-हरे-नीले लेसों से सजे

झीने-झीने झूठ झमकदार
कचकाड़े की औरतों पर सजे!
कचकाड़े की औरतें
शीशे के शो-केसों में बन्द
हरदम मुस्कातीं,
वे 'विचित्र किंतु सत्य' शृंखला का सच थीं!
थोड़ा-सा वे हमें डरातीं!
ठंड में ठिठुरते हुए हम आगे बढ़ते,
पूरी नहीं पड़ती हमको चमड़ी हमारी!
एक दिन हमने पड़ोसिन से सीखा
एक बमपिलार ऊन के गोले से
बुनना कैसे चाहिए
ब्लाउज भर सच
अपने नाप का!
और मुझे उसने सिखाया बड़े मन से
कैसे उलटे फँदों में डालते हैं सीधा फँदा
कैसे घटता और कटता है सच का गला,
कैसे घटती हैं और कटती है
दो बाजुएँ सच की—
आपकी फिटिंग का हो जाने तक!
तब से लगातार बुन रही हूँ मैं
सपनों में स्मृतियाँ!
गिरे जा रहे हैं 'घर'
'काँटों में फँसे हुए!'
घर गिर रहे हैं धीरे-धीरे
और एक घाटी-सी उभर रही है
मेरे स्वेटर पर!
अच्छा है, सच रेडीमेड नहीं मिलता
सबको बुनना पड़ता है अपने-अपने नाप का!

पूर्णमिंद

भूलभुलैया हूँ!
एक तरफ से खुलती हूँ
तो मुँदती हूँ पचपन तरफ से!
एक ओर आग से ढँकी हूँ
और दूसरी ओर नीली बरफ़ से!
मेरा कुछ हो ही नहीं सकता
मैं अपने ही खिलाफ़ बैठी पंचायत हूँ
आयतें कहती हैं–अलग वर्ग है इसका
और वर्ग कहते हैं–एक ठस्स आयत हूँ!
अलग पात है मेरी,
अलग जात है मेरी,
फिर भी समझने के लायक हूँ!
गायक हूँ
महाशून्य का–
शून्य से शून्य घटा
शून्य बचा।

अमरूद

एक भले अमरूद में
बीते हुए प्रेम का
निरुद्विग, सुन्दर पनीलापन,
एक ठंडा-सा उजास,
सच्चे सूफी का उनींदापन,
निश्छल विश्वास!
गहरे सन्ताप की गम्भीरता
और सुनहरापन गर्भवती संध्या का!
धूप में बहुत देर पका हुआ
खारा समुन्दर
और गमक भूले हुए राग की!
एक विलम्बित कामना और आवेग,
प्रायश्चित, इसरार
मिल-जुलकर बनते हैं
एक भला अमरूद!
कर्मफल फल मौसमी ही होते होंगे,
क्या वे होते हैं अमरूद—
तोतों और नन्हे बटुकों के जुठाए हुए?

अनुवाद

लोग दूर जा रहे हैं–
(हर कोई हर किसी से दूर)–
लोग दूर जा रहे हैं
और बढ़ रहा है
मेरे आसपास का 'स्पेस'!

इस 'स्पेस' का अनुवाद
'विस्तार' नहीं, 'अंतरिक्ष' करूँगी मैं,
क्योंकि इसमें मैंने
उड़नतश्तरी छोड़ रखी है।

समय का धन्यवाद
कि मेरा घड़ी बन्द है,
धन्यवाद खिड़की का
कि ऐन उसके सीखचों के पीछे
गर्भवती है चिड़िया!
जो भी जहाँ है–सबका धन्यवाद
कि इस समय मुझमें सब हैं,
सब में मैं हूँ थोड़ी-थोड़ी!

भाँय-भाँय बजाता है हारमोनियम
मेरा खाली घर!
इस 'खाली' समय में
बहुत काम हैं।
अभी मुझे घर की उतरनों का
अनुवाद करना होगा
जल की भाषा में,
फिर जूठी प्लेटों का
किसी श्वेत पुष्प की पंखुड़ियों में
अनुवाद करूँगी मैं।
फिर थोड़ी देर खड़ी सोचूँगी
कि एक झाग-भरे सिंक का
क्या मैं कभी कर सकूँगी
किसी राग में अनुवाद?

दरअसल इस पूरे घर का
किसी दूसरी भाषा में
अनुवाद चाहती हूँ मैं,
पर वह भाषा मुझे मिलेगी कहाँ
सिवा उस भाषा के
जो मेरे बच्चे बोलते हैं?

इसमें ही हो जाएगी शाम,
और इस शाम का अनुवाद
इतना ही करूँगी कि उठूँगी—
खोल दूँगी पर्दे!
अन्तिम उजास की छिटकी हुई किर्चियाँ

पल-भर में भर देंगी
सारा-का-सारा स्पेस
और फिर उसका अनुवाद
'अंतरिक्ष' नहीं, 'विस्तार' करूँगी मैं—
केवल विस्तार!

स्त्रियाँ

पढ़ा गया हमको
जैसे पढ़ा जाता है कागज
बच्चों की फटी कॉपियों का
चनाजोर गरम के लिफाफे बनाने के पहले!
देखा गया हमको
जैसे कि कुफ्त हो उनींदें
देखी जाती है कलाई घड़ी
अलस्सुबह अलार्म बजने के बाद!

सुना गया हमको
यों ही उड़ते मन से
जैसे सुने जाते हैं फिल्मी गाने

सस्ते कैसेटों पर
ठसाठस्स ठुँसी हुई बस में!

भोगा गया हमको
बहुत दूर के रिश्तेदारों के
दुःख की तरह!

एक दिन हमने कहा
हम भी इंसान हैं—
हमें कायदे से पढ़ो एक-एक अक्षर
जैसे पढ़ा होगा बी.ए. के बाद
नौकरी का पहला विज्ञापन!
देखो तो ऐसे
जैसे कि ठिठुरते हुए देखी जाती है
बहुत दूर जलती हुई आग!

सुनो हमें अनहद की तरह
और समझो जैसे समझी जाती है
नयी-नयी सीखी हुई भाषा!

इतना सुनना था कि अधर में लटकती हुई
एक अदृश्य टहनी से
टिड्डियाँ उड़ीं और रंगीन अफवाहें
चीखती हुई चीं-चीं
'दुश्चरित्र महिलाएँ, दुश्चरित्र
महिलाएँ—
किन्हीं सरपरस्तों के दम पर फूली-फैली
अगरधत्त जंगली लताएँ!
खाती-पीती, सुख से ऊबी
और बेकार बेचैन, आवारा महिलाओं का ही
शगल हैं ये कहानियाँ और कविताएँ...
फिर ये उन्होंने थोड़े ही लिखी हैं
(कनखियाँ, इशारे, फिर कनखी)
बाकी कहानी बस कनखी है।

हे परमपिताओ,
परमपुरुषो—
बख्शो, बख्शो, अब हमें बख्शो!

बेजगह

'अपनी जगह से गिरकर
कहीं के नहीं रहते
केश, औरतें और नाखून'—
अन्वय करते थे किसी श्लोक का ऐसे
हमारे संस्कृत टीचर।
और मारे डर के जम जाती थीं
हम लड़कियाँ
अपनी जगह पर!

जगह? जगह क्या होती है?
यह, वैसे, जान लिया था हमने
अपनी पहली कक्षा में ही!
याद था हमें एक-एक अक्षर
आरम्भिक पाठों का—
'राम, पाठशाला जा!
राधा, खाना पका!
राम, आ बताशा खा!
राधा, झाड़ू लगा!
भैया अब सोएगा,
जाकर बिस्तर बिछा!

अहा, नया घर है!
राम, देख, यह तेरा कमरा है!'
'और मेरा?'
'ओ पगली,
लड़कियाँ हवा, धूप, मिट्टी होती हैं
उनका कोई घर नहीं होता!'

जिनका कोई घर नहीं होता—
उनकी होती है भला कौन-सी जगह?
कौन-सी जगह होती है ऐसी
जो छूट जाने पर
औरत हो जाती है
कटे हुए नाखूनों,
कंघी में फँसकर बाहर आये केशों-सी
एकदम से बुहार दी जाने वाली?

घर छूटे, दर छूटे, छूट गये लोग-बाग,
कुछ प्रश्न पीछे पड़े थे, वे भी छूटे!
छूटती गयीं जगहें।

परम्परा से छूटकर बस यह लगता है—
किसी बड़े क्लासिक से
पासकोर्स बी.ए. के प्रश्नप्रत्र पर छिटकी
छोटी-सी पंक्ति हूँ—
चाहती नहीं लेकिन
कोई करने बैठे
मेरी व्याख्या सप्रसंग!

सारे सन्दर्भों के पार
मुश्किल से उड़कर पहुँची हूँ,
ऐसे ही समझी-पढ़ी जाऊँ
जैसे
अधूरा अभंग!*

फर्नीचर

मैं उनको रोज झाड़ती हूँ
पर वे ही हैं इस पूरे घर में
जो मुझको कभी नहीं झाड़ते!
रात को जब सब सो जाते हैं—
अपने इन बरफाते पाँवों पर
आयोडिन मलती हुई सोचती हूँ मैं—
किसी जनम में मेरे प्रेमी रहे होंगे फर्नीचर,
कठुआ गये होंगे किसी शाप से ये!
मैं झाड़ने के बहाने जो छूती हूँ इनको,
आँसुओं से या पसीने से लथपथ—
इनकी गोदी में छुपाती हूँ सर—
एक दिन फिर से जी उठेंगे ये!
थोड़े-थोड़े से तो जी भी उठे हैं।
गयी रात चूँ-चूँ-चूँ करते हैं :
ये शायद इनका चिड़िया का जनम है,
कभी आदमी भी हो जाएँगे!
जब आदमी ये हो जाएँगे,
मेरा रिश्ता इनसे हो जाएगा क्या
वो ही वाला—
जो धूल से झाड़न का?

मौसियाँ

वे बारिश में धूप की तरह आती हैं–
थोड़े समय के लिए और अचानक!
हाथ के बुने स्वेटर, इंद्रधुनष, तिल के लड्डू
और सधोर की साड़ी लेकर
वे आती हैं झूला झुलाने
पहली मितली की खबर पाकर
और गर्भ सहलाकर
लेती हैं अन्तरिम रपट
गृहचक्र, बिस्तर और खुदरा उदासियों की!
झाड़ती हैं जाले, सँभालती हैं बक्से,
मेहनत से सुलझाती हैं भीतर तक उलझे बाल,
कर देती हैं चोटी-पाटी
और डाँटती भी जाती हैं कि पगली तू,
किस धुन में रहती है जो
बालों की गाँठें भी तुमसे
ठीक से निकलती नहीं।
बाल के बहाने वे गाँठे सुलझाती हैं जीवन की!
करती हैं परिहास, सुनाती हैं किस्से
और फिर हँसती-हँसती

दबी-सधी आवाज़ में
बताती जाती हैं

चटनी-अचार-मूँगबड़ियाँ और बेस्वाद सम्बन्ध
चटपटा बनाने के गुप्त मसाले और नुस्खे–
सारी उन तकलीफों के जिन पर
ध्यान भी नहीं जाता औरों का।
आँखों के नीचे धीरे-धीरे
जिसके पसर जाते हैं साये
और गर्भ से रिसते हैं जो महीनों चुपचाप–
खून-से आँसू-से,
पचपन के आसपास के अकेलेपन के
काले-कत्थई उन चकत्तों का
मौसियों के वैद्यक में
एक ही इलाज है–
हँसी और कालीपूजा और पूरे मोहल्ले की
अम्मागिरी।

बीसवीं शती की कूड़ागाड़ी
लेती गयी खेत से कोड़कर अपने
जीवन की कुछ जरूरी चीजें–
जैसे मौसीपन, बुआपन,
चाचीपंथी और अम्मागिरी मग्न
सारे भुवन का।

छप्पर की मालाएँ

चिमनियाँ, छप्पर और बोरसियाँ
इक्कट-दुक्कट खेलने आती हैं
दादी के सपनों में।
धुआँ कहीं जाता नहीं,
उमड़-घुमड़ रह जाता है घर में
बिस्तर के नीचे,
रिश्तों के बीच।
सूखे हुए फूल, ठोंगे प्रसाद के,
मालाएँ और ऐसी सारी चीजें जिन पर
झाड़ू लगाना
माना जाता था निषिद्ध,
ऐसे निशाने से वे उछाल दी जाती थीं
कि छत पर जा अटकें—
छप्पर पर एक ओर अटकाकर
छोड़ी गयी फूल मालाएँ
आती हैं याद।

सोचती हूँ, जब मेरे आएँगे—
छप्पर पर सूखने के दिन,
मैं तो उदास नहीं लेटूँगी!

छप्पर के कौओं से ही
कर लूँगी दोस्ती,
काक भुशुंडी की कथाएँ सुनूँगी–
जयंत कौए का पूछूँगी हाल-चाल
और एक दिन किसी मनपसन्द
कौए के
पंखों पर उड़ जाऊँगी–
सारी हद-बेहद के पार।
कर्कश गाते हैं तो क्या
छत पर आते तो हैं रोज-रोज,
सिर्फ बहार के दिनों के नहीं होते
साथी।
कोयलनुमा बड़े आर्टिस्टों का
आखिर क्या करना–
छोटी बजट की फिल्मों और ज़िन्दगियों में
मुस्काकर
गेस्ट-अपियरेंस जो देते हैं
कभी-कभी।

एक औरत का पहला राजकीय प्रवास

वह होटल के कमरे में दाखिल हुई!
अपने अकेलेपन से उसने
बड़ी गर्मजोशी के साथ-साथ मिलाया!
कमरे में अँधेरा था
घुप्प अँधेरा था कुएँ का
उसके भीतर भी!
सारी दीवारें टटोलीं अँधेरे में,
लेकिन 'स्विच' कहीं नहीं था!
पूरा खुला था दरवाजा,
बरामदे की रोशनी से ही काम चल रहा था!
सामने से गुजरा जो 'बेयरा' तो
आर्तभाव से उसे देखा!
उसने उलझन समझी और
बाहर खड़े-ही-खड़े
दरवाजा बन्द कर दिया!
जैसे ही दरवाजा बन्द हुआ,
बल्बों में रोशनी के खिल गये सहस्रदल कमल!
'भला बन्द होने से रोशनी का क्या है रिश्ता?'
उसने सोचा।

डनलप पर लेटी,
चटाई चुभी घर की
अन्दर कहीं—रीढ़ के भीतर!
तो क्या एक राजकुमारी ही होती है हर औरत?
सात गलीचों के भीतर भी
उसको चुभ जाता है
कोई मटरदाना
आदिम स्मृतियों का?
पढ़ने को बहुत कुछ धरा था,
पर उसने बाँची टेलीफोन तालिका
और जानना चहा
अन्तर्राष्ट्रीय दूरभाष का
ठीक-ठाक खर्चा।
फिर अपनी सब डॉलरें खर्च करके
उसने किये तीन अलग-अलग कॉल!
सबसे पहले अपने बच्चे से कहा—
'हलो-हलो, बेटे—
पैकिंग के वक्त...सूटकेस में ही तुम ऊँघ गये थे कैसे...
सबसे ज्यादा याद आ रही है तुम्हारी—
तुम हो मेरे सबसे प्यारे!'
अन्तिम दोनों पंक्तियाँ अलग-अलग उसने कहीं
ऑफिस में खिन्न बैठ अंट-शंट सोचते अपने प्रिय से,
फिर चौके में चिंतित, बर्तन खटकाती अपनी माँ से!
...अब उसकी हुई गिरफ्तारी।
पेशी हुई खुदा के सामने
कि इसी एक जुबाँ से उसने

तीन-तीन लोगों से कैसे यह कहा–
'सबसे ज्यादा तुम हो प्यारे!' यह तो सरासर है धोखा–
सबसे ज्यादा माने सबसे ज्यादा!
लेकिन खुदा ने कलम रख दी,
और कहा–'औरत है, उसने वह गलत नहीं कहा।'

पतिव्रता

जैसे कि अंग्रेजी राज में सूरज नहीं डूबता था,
इनके घर में भी लगातार
दकदक करती थी
एक चिलचिलाहट।
स्वामी जहाँ नहीं भी होते थे–
होते थे उनके वहाँ पंजे,
मुहर, तौलिए, डंडे,
स्टैंप-पेपर, चप्पल-जूते,
हिचकियाँ-डकारें-खर्राटें
और त्योरियाँ-धमकियाँ-गालियाँ खचाखच।
घर में घुसते ही
जोर से दहाड़ते थे मालिक और एक ही डाँट पर
एकदम पट्ट
लेट जाती थीं वे
दम साध कर,
जैसे कि भालू के आते ही
लेट गया था
रूसी लोककथा का आदमी
सोचता हुआ कि मर लेते हैं कुछ देर,
मरे हुए को भालू और नहीं मारेगा।

एक दिन किसी ने कहा–
'कह गये हैं जूलियस सीजर
कि बहादुर मरता है केवल एक बार,
कायर ही करते हैं,
बार-बार मरने का कारबार।
जब तुमने ऐसी कुछ गलती नहीं की,
फिर तुम यों मरी हुई बनकर क्यों लेटी?

तब से उन्हें आने लगी शरम-सी
रोज-रोज मरने में...
एक बार शरमातीं, लेकिन फिर कुछ सोचकर
मर ही जातीं,
मरती हुई सोचतीं–
'चिड़ियाँ ही होना था तो शुतुरमुर्ग क्यों हुई मैं,
सूँघनी ही थी तो कोई लाडली नाक मुझे सूँघती–
यह क्या कि सूँघा तो साँप।'
और कुछ दिन बीते तो किसी ने उनको पढ़ाई
...गाँधीजी की जीवनी,
सत्याग्रह का कुछ ऐसा प्रभाव हुआ,
बेवजह पिटने के प्रतिकार में वे
लम्बे-लम्बे अनशन रखने लगीं।
चार-पाँच-सात शाम खटतीं वे निराहार
कि कोई आकर मना ले,
फिर एक रात
गिन्न-गिन्न नाचता माथा
पकड़े-पकड़े जा पहुँचतीं वे चौके तक
और धीरे-धीरे खुद काढ़कर

खातीं बासी रोटियाँ—
थोड़ा-सा लेकर उधार नमक आँखों का।'
तो, सखियो, ऐसा था कलियुग में जीवन
पतिव्रता का...
आगे की कथा
सती के ही मुख से
सती की व्यथा—
'नहीं जानती कि ये क्या हो गया है,
गुस्सा नहीं आता।
मन मुलायम रहता है
जैसे कि बरसात के बाद
मिट्टी मुलायम हो जाती है कच्चे रस्ते की!
काम बहुत रहता है इनको।
ठीक नहीं रहती तबीयत भी।
अब छाती में इतना जोर कहाँ—
चिल्लाएँ, झिड़कें या पीटें ही बेचारे!
धीरे-धीरे मैं भी हो ही गयी पालतू।
बीमार से रगड़ा क्या, झगड़ा क्या,
मैंने साध ली क्षमा।
मीठे लगते हैं खर्राटें भी इनके।
धीमे-धीमे ही कुछ गाते हैं
अपने खर्राटे में ये।
कान लगाकार सुनती रहती हूँ—
शायद मुझे दी हो सपनों में आवाज़।
कोई गुपचुप बात मेरे लिए दबा रखी हो
इतने बरसों से अपने मन में—
कोई ऐसी बात
जो रोज बात

जो रोज इतने दिन
ये कान सुनने को तरसे...
कोई ऐसी बात जिससे बदल जाए
जीवन का नक्शा,
रेती पर झम-झम-झमक-झम कुछ बरसे...!'

सूली ऊपर सेज पिया की

'टु बी ऑर नॉट टु बी दैट इज़ इ क्वेश्चन'—
इतनी अंग्रेजी तो सीखी थी
कि इसका मर्म मैं समझ लेती!
काश, सीखी होती अँगरेजियत भी इतनी
कि ठीक से बाँधना आता
फाँसी का फंदा, टाई की नॉट और जूते का फीता!
मुझको तो रिबन भी नहीं ठीक से बाँधना आता!
स्कूल के रस्ते में
बार-बार खुल जाता था
लाल रिबन मेरी चोटी का।
बेचारा भाई ही
बहुत कुफ्त हो-होकर
हर बार बाँधा करता था!
और अब जब आयी है बारी
फाँसी का पुख्ता-सा फँदा बनाने की—
लोकगीत का बाजूबन्द बन गया है
यह फाँसी का फँदा!
'बाजूबन्द खुलि-खुलि जाए' की लय में
खुल जाता है बार-बार!
'टु बी ऑर नॉट टु बी'—

शेक्सपियर याद आ रहे हैं!
अनुष्ठान है पूरा—
साड़ी का फंदा बनाकर लटक जाना पँखे से!
इतना आसान नहीं मरना भी!
पँखे पर धूल जमी है जैसे सदियों की!
फँदा लगा लूँ कि पहले पोछूँ मैं यह धूल पँखे की
आँचल से?
धूल-धूल, माटी-माटी होने के पहले
धूल-माटी पोछ देने की चिन्ता
एक भोंडा चुटकुला है!
बीरबल कहाँ हैं? और संस्कृत नाटकों के विदूषक?
शेक्सपियर के ज्ञानी महामूढ़,
तेनालीराम कि गोनू झा—
आओ न, पापा के किस्सों से धूल झाड़ उठ बैठो!
आओ, हँसते हैं लगाकर गपाष्टक!
आग जलाते हैं, बहुत थरथरी है
मेरी चमड़ी मुझको पूरी नहीं पड़ती।
एक दुशाला उढ़ाएगी क्या मुझको
गरम राख मेरी ही?
क्या मेरी भूख मिटा देगी शकरकंदी
मीठी-मीठी आँच पर पकती—
मेरी इन सख्त हड्डियों के भीतर-भीतर?
क्या फिनाइल मेरी प्यास बुझा देगी?
'टू बी ऑर नॉट टु बी!'
थककर सोये हैं दोनों बच्चे।
सुबह-सुबह उठकर क्या चौकेंगे?
छोटे को बाल तक नहीं काढ़ना आता,

और बड़ा तो और है! मोजे का उल्टा-सीधा भी नहीं जानता!
उठकर करेंगे उठाने की कोशिश–
'आज दिन चढ़े तक सोयी कैसे अम्मा रही?
स्कूल-बस छूटी, लौट गयी महरी।'
सब लौट जाते हैं तो क्यों नहीं लौटूँ मैं भी?
दरबार के कायदे ही गजब हैं!
एक सिपाही मुझको बाँधे खड़ा है,
एक कर रहा है तड़ीपार!
हाँ, शेक्सपियर, समझती हूँ–
होने-न-होने कि करने-न-करने का
सारा घनचक्कर!

वृद्धाएँ धरती का नमक हैं

‘कपड़ा है देह’, ...‘जीर्णाणि वस्त्राणि’...वाला
यह श्लोक ‘गीता’ का, सुना था कभी बहुत बचपन में
पापा के पेट पर
पट्ट लेते-लेटे!
सन्दर्भ यह है कि
दादाजी गुजर गये थे,
रो रहे थे पापा धीरे-धीरे
और हल्की हिचकियों से
हिल जाता था जो कभी पेट उनका,
मुझको हिचकोले का आनन्द आता था,
हालाँकि डरी हुई थी मैं यों सबके एकाएक रो पड़ने से,
बहुत चकित थी कि जो कभी नहीं रोते थे,
केवल रुलाते थे,
वे सब भी आज रो रहे हैं फुक्का फाड़े,
डरी हुई-सहमी हुई थी—
तभी तो यों चिपकी थी पापा से
पसीने से तर उनके बनियान की तरह
जो शायद फटी भी हुई थी।
समझा रहा था कोई उनको—
‘क्यो रो रहे हो कि

यह देह कपड़ा है,
फटा हुआ कपड़ा बदल देती है आत्मा तो
इसमें रोना क्या, धोना क्या!'
मैं क्या समझी, क्या नहीं समझी—
अब कुछ भी याद नहीं,
अब बस इतना जानती हूँ 'जीर्णाणि वस्त्राणि' के नाम पर—
कपड़े जब तार-तार होने लगते हैं,
बढ़ जाती है उनकी उपयोगिता!
फटे हुए बनियान बन जाते हैं झाड़न
और पुराने तौलिए पोछे का कपड़ा।
फटी हुई साड़ियाँ दुपट्टे बन जाती हैं,
बन जाती हैं बच्चों की फलिया।
धोती के कोरों का अच्छा बनता है इजारबन्द,
कहीं-न-कहीं सबसे मिल जाता है उनका तार-छन्द
जो फटकर तार-तार हो जाते हैं—
सार्वजनिक बन जाती है जिनकी निजता!
वृद्धाएँ धरती का नमक हैं,
किसी ने कहा था!
जो घर में हो कोई वृद्धा—
खाना ज्यादा अच्छा पकता है,
पर्दे-पेटीकोट और पायजामे भी दर्जी और रफूगरों के
मुहताज नहीं रहते,
सजा-धजा रहता है घर का हर कमरा,
बच्चे ज्यादा अच्छा पलते हैं,
उनकी नन्ही-मुन्नी उलटियाँ सँभालती
जगती हैं वे रात-भर,
उनके ही संग-साथ से भाषा में बच्चों की

आ जाती है एक अजब कौंध
मुहावरों, मिथकों, लोकोक्तियों,
लोकगीतों, लोकगाथाओं और कथा-समयकों की।
उनके ही दम से
अतल कूप खुद जाते हैं बच्चों के मन में
आदिम स्मृतियों के।
घुल जाती हैं बच्चों के सपनों में
हिमालय-विमालय की अतल कन्दराओं की
दिव्यवर्णी-दिव्यगंधी जड़ी-बूटियाँ और फूल-वूल!
रहती हैं वृद्धाएँ, घर में रहती हैं
लेकिन ऐसे जैसे अपने होने की खातिर हों क्षमाप्रार्थी
—लोगों के आते ही बैठक से उठ जातीं,
छुप-छुपकर रहती हैं छाया-सी, माया-सी!
कभी-कभी वे सोचती हैं बेचैनी से—'गाँव गये बहुत दिन हुए!'
उनके बस यह सोचने-भर से
जादू से घर में सब हो जाता है ठीक-ठाक,
सब कहते हैं, 'अरे, अभी कहाँ जाओगी,
अभी तो हमें जाना है बाहर, बच्चों को रखेगा कौन?'
कपड़ों की छाती जब फटती है—
बढ़ जाती है उनकी उपयोगिता।

सत्रह बरस का प्रतियोगी परीक्षार्थी

दूध जब उतरता है पहले-पहले, बेटा,
छातियों में माँ की—
झुरझुरी जगती है पूरे बदन में!
उस दूध का स्वाद अच्छा नहीं होता,
पर डॉक्टर कहते हैं—उसको चुभलाकर पी जा बच्चा
तो सात प्रकोपों में भी जी जाए बच्चा!
उस दूध की तरह होता है, बेटे,
पहली विफलता का स्वाद!
भग्नमनोरथ भी तो रथ ही है—
भागीरथी जानते थे, जानता था कर्ण,
जानते थे राजा ब्रूस मकड़जाले वाले
और तुम भी जान जाओगे—
कुछ होने से कुछ नहीं होता,
कुछ खोने से कुछ नहीं खोता!
पूर्णविराम कल्पना है,
निष्काम होने की कामना
भी आखिर तो कामना है
सिलसिले टूटते नहीं, रास्ते छूटते नहीं।
पाँव से लिपटकर रह जाते हैं एक लतर की तरह—
जूते उतारो घर जाकर तो मोजे में तिनके मिलेंगे लतर के!

तुम्हें एक अजब तरह की दुनिया
दी है विरासत में–
हो सके तो माफ कर देना।
फूल के चटकने की आवाज़ यहाँ किसी को भी
सुनाई नहीं देती,
कोई नहीं देखता कैसे श्रम, कैसे कौशल से
एक-एक पंखुड़ी खोली गयी थी!
यह फलों की मंडी है, बेटा,
सफल-विफल लोग खड़े हैं क्यारियों में!
चाहती थी–तुम्हें मिलती ऐसी दुनिया
जहाँ क्यारियों में अँटा-बँटा, फटा-चिटा
मिलता नहीं यों किसी का बजूद!
हर फूल अपनी तरह से सुन्दर है–
प्रतियोगिता के परे जाती है
हरेक सुन्दरता!
और 'भगवद्गीता' का वह फल?
वह तो भतृहरि के आम की तरह
राजा से रानी, रानी से मंत्री
मंत्री से गणिका, गणिका से फिर राजा के पास
टहलता हुआ आ तो जाएगा–
रोम-रोम की आँखें खोलता हुआ!
पसिनाई पीठ पर तुम्हारी
चकत्ते पड़े हैं
खटिया की रस्सियों के!
ऐसे ही पड़ते हैं शादी में
हल्दी के छापे,
पर शादी की सुनकर भड़कोगे तुम!

कल रात बिजली नहीं थी।
मोमबत्ती की भी डूब गयी लौ
तो किताब बन्द की तुमने
और अँधेरे में
चीजों से टकराते
हड़बड़-दड़बड़ आकर बोले—
'माँ, भूख लगी है!'
इस सनातन वाक्य में
एक स्प्रिंग है लगा,
कितनी भी हो आलसी माँ,
वह उठ बैठती है
और फिर कनस्तर खड़कते हैं
जैसे खड़कती है सुपली
दीवाली की रात
जब गाती हैं घर की औरतें
हर कमरे में सुपली खड़काती—
'लक्ष्मी पइसे, दरिद्दर भागे, दरिद्दर भागे, दरिद्दर भागे!'
दारिद्र्य नहीं भागता, भाग जाती है नींद मगर।
तरह-तरह के अपडर
निःशंक फर्श पर टहलते मिल जाते हैं,
कैटवॉक पर निकला मिलता है भूरा छछूँदर!
छछूँदर के सिर में चमेली का तेल
या भैंस के आगे बजती हुई बीन
या दुनिया की सारी चीजें बे-तालमेल
ब्रह्ममुहूर्त के कुछ देर पहले की झपकी के
एक दुःस्वप्न में टहल आती हैं,
और भला हो ईंटों की लॉरी का

कि उसकी हड़हड़-गड़गड़ से
दुःस्वप्न जाता है टूट,
खुल जाती हैं आँखें,
कहता है बेटा,
माँ, ये दुःख क्यों होता है,
इसका करें क्या?'
सूखी हुई छातियाँ मेरी
दूध से नहीं लेकिन उसके पसीने से तर हैं!
मैं महामाया नहीं हूँ, ये बुद्ध नहीं है,
लेकिन ये प्रश्न तो है ही—जहाँ का तहाँ, जस का तस!
एक पुरानी लोरी में
स्पैनिश की टेक थी—
'के सेरा-सेरा...वॉटेवर विल बी, विल बी...
ये मत पूछो कल क्या होगा, जो भी होगा, अच्छा होगा!'
मैं बेसुरा गाती हूँ, ये हँसने लगता है—
'बस, ममा, बस—आगे याद है मुझे!'
रात के तीसरे पहर की ये मुक्त हँसी
झड़ रही है पत्तों पर
ओस की तरह!
आगे की चिन्ता से परेशान उसके पिता
नींद में ही मुस्का देते हैं धीरे से!
उत्सव है उनका ये मुस्काना
सुपरसीरियस घर में!

चकमक पत्थर

जब-तब वह मुझसे टकरा जाता है।
दो चकमक पत्थर हैं शायद हम—
लगातार टकराने से
बीच हमारे चिनकता है
आग का संक्षिप्त हस्ताक्षर—
बस एक इनिशियल—

जैसा कि विड्रॉअल फॉर्म पर
करना होता है—
कट-कुट होते ही।

क्यों होती है हमसे इतनी कट-कुट आखिर?
क्या खाते में कुछ बचा ही नहीं है?
खाता और उसका?

उसका खाता बस इतना है—
वह खाता है
धूँधर माता की कसम
और धंधे की—

'पेट में नहीं एक दाना गया है
अगरबत्तियाँ ले लो–दस की दो!'

इस नन्हें सौदागर सिंदबाद से कोई
कहे भी तो क्या और कैसे?
बीच समुन्दर में उलटा है इसका जहाज।

अबाबील की चोंच में लटके-लटके
और कितनी दूर उड़ना होगा इसको
इस जनसमुद्र की दहाड़ रही लहरों पर?
वह मेरे बच्चे से भी कुछ छोटा ही है।
एक दिन फ्लाईओवर के नीचे मुझको दीखा
मस्ती में गोल-गोल दौड़ता हुआ।

'ओए, की गल है?
अकेले-अकेले ये क्या खा रहा है?' मैंने जब पूछा,
एक मिनट को वह रुका, बोला हँसकर–
'कहते हैं इसको ईरानी पुलाव।
सुबह-सुबह होटल के पिछवाड़े बँटता है!
खाने पर पेट जोर से दुखता है,
लेकिन भरा हो तो दुखने का क्या है!
तीस बार गोल-गोल दौड़ो–
फिर मजे में थककर सो जाओ!
खाना है ईरानी पुलाव?'

एक अजब-सा वियोग

मैं उससे 'प्रेम' नहीं करती—
जानती भी उसको ठीक तरह से मैं नहीं!
इक्कीस दिन
एक कोर्स किया,
एक बेंच पर बैठे,
हँसे, मुस्कराए, कुछ कुफ्त हुए
और बोर भी—साथ-साथ!
जाने के घण्टे-भर पहले वह बोला—
'लाया हूँ कैमरा, तस्वीरें ले लूँ तुम्हारी?
मेरी पत्नी बेहद खुश होगी
कि मेरी किसी से हुई दोस्ती,
मेरी स्तब्ध वफादारी से
ऊब गयी है शायद!'
उसकी आँखों में थी
नारियल-पानी-सी धूप
और कोवलम-तट के बालू की
हल्की धमक!
मैंने कहा—'हाँ, जरूर!'
फिर अफरा-तफरी मची
विदाई समारोह की!

समारोह की ऐसी-तैसी,
मैं भूल गयी–
वो कर रहा होगा इंतजार।
टी.ए. बिल की लाइन लम्बी थी
लाइन में किसी से बहस हो गयी,
मेरा तो फ्यूज उड़ गया और मैं चल दी...!
रात के ग्यारह बजे याद आया तो
हूक उठी–
उसने किया होगा इंतजार और रात की ट्रेन से
केरल चला जा रहा होगा–
उसका पता मेरे पास नहीं–
अब क्या हो–क्या इसी वक्त के लिए
गा रहे हैं मुहम्मद रफी–
अब जांबलबहूँ शिद्दते दर्देनिहां से मैं,
ऐसे में तुझको ढूँढ़ के लाऊँ कहाँ से मैं।
एक अकेली चाय
पीती हुई रेस्तराँ में मैं
सोच रही हूँ ये लगातार–
यह वियोग का जाने कैसा तो
गैर-शास्त्रीय प्रकार है–
योग के बिना ही वियोग!
सच मानिए, मैं मजाक भी नहीं कर रही।
होगा तो यह वियोग ही लेकिन
बिलकुल नयी प्रजाति का–
लाल पपीते और कड़े टमाटर जैसा
'डिस्को' नहीं इसमें कुछ भी,
किसी कृषि-वैज्ञानिक ने
तैयार किये नही होंगे
इसके बीज

पूसा-वूसा में पर
गैर-शास्त्रीय तो यह है ही!
बिन माँगे भी क्या कभी
मिल सकती है माफी?

बस-टिकट

ये बढ़ते हैं बिना पाँव के
ठुँसी हुई बस में।
आँखों-आँखों में हो जाती है गुफ्तगू
और हाथों-हाथ बढ़ता चला आता है सिक्का,
पुल-सा बन जाता है अनजान हाथों का :
ये दुनिया का सबसे अनूठा पुल!
कह गए हैं बिहारीलाल,
दोहा है कौन-सा—नहीं याद—
लेकिन सन्दर्भ है कि एक भरी सभा में
दूर-दूर से देखते हैं
एक-दूसरे को दो प्रेमी—
मिल जाती हैं उनकी आँखें, फिर हँस पड़ती हैं!
भरी सभा में
चिरपरिचित आँखों का गुपचुप संवाद
दुनिया का सबसे बड़ा होता है शायद रोमांस—
ऐसा समझती थी मैं आज के पहले।
आज लग रहा है कि अनजान आँखों का
यह भाईचारा—
उससे भी शायद बड़ा है रोमांस!
आदमी का आदमीयत से रोमांस यह
शायद है
आदिकालीन!

जानना

किसी को जानना
मोल ले लेना है
अपने लिए एक आईना
और एक अच्छा इयरफोन
जिससे कि साफ-साफ सुन सकते हैं
कि आखिर क्या बातें करता है
बाड़े की भटकोइयों से
बिके हुए खेत की तरह फैला सन्नाटा!
सुन सकते हैं जरा और ध्यान देने पर
हवाओं में गोल-गोल नाचती हुई झीनी बुइया-सी
किसी और देश-काल से आयी
वृद्धा वेश्याओं की फीकी हँसी,
दुनिया के सबसे बड़े पागलखाने के
किसी पुरातन पागल के एकतारे की जैजैवंती,
किये-अनकिये सारे अपराधों की लय पर
झन-झन-झन जंजीरें बजा रहे कैदी की
अचानक जगी कुकुरखाँसी,
सारे नियमों की उलटबाँसी
और वे गुम आहटें
मृतप्राय भाषाओं की

जिनका कि एक भी अक्षर
पड़ता नहीं पल्ले—
फिर भी जिनमें होती है कूवत
पानी के भीतर बसे अपने
मायावी नागलोक—तक खींच लेने की
(तिनकों का कोई सहारा लिये बिना डूबे संदर्भ
बन जाते हैं नागमणियाँ यहीं!)
किसी को जानना
एक बड़ी उत्तप्त-सी छलाँग है
पहले अपने बाहर,
फिर अपने भीतर—
देर तलक हिलता है जिससे
तालाब का पानी!
किसी को जानना
तालाब, दरिया, समुन्दर और बारिश हो जाना है!
जानना जाना है!
एक बार बरसते हैं बादल,
पेड़ तीन बार बरसते हैं—
हर बारिश के बाद
पेड़ों की डालियाँ हिलाते हुए
सोचते थे हम।
किसी को जानना
सब भूली-बिसरी बातों का
धीरे-धीरे याद आ जाना है!
जानना हो जाना है
बूँद-बूँद लोकती हुई
थर-थर-थर पत्ती!

बसेरा

विश्वस्त सूत्रों से पता चला–
सब पार्कों और सारे हवाई किलों पर छापा पड़ेगा
और जहाँ जो गाना गाता हुआ पाया जाएगा
उसको हथकड़ी लगेगी!
'हर दिल जो प्यार करेगा, वो गाना गाएगा'–
इस तर्क से बहुत कम बच गये हैं गाने वाले–
उतने ही कम जितने महावत,
लहठी के कारीगर, ढाकाई मलमल के बुनकर...!
सो उन्हें सरकारी अजायबघर में रखा जाएगा!
लुप्तप्राय प्रजातियाँ–मोर-वोर, चीतल-वीतल–जैसे कि घर अपने
पाल नहीं सकते,
गाना है तो अपनी धुन में नहीं, हुजूर, प्रायोजित जलसों में गाइए
और प्यार करना ही है तो
सरकारी तर्ज पर
एक राशन कार्ड बनवाकर
पूरी वैधानिकता के साथ
थोड़ा-थोड़ा ही जताइए!

अब हम करते तो क्या करते,
अपनी धुलाई तो निश्चित थी।

तय था कि 'देशनिकाला' मिलेगा ही,
अपने समय के बाहर भी
कान पकड़कर कर दिये जाएँ–असम्भव नहीं यह!
कुछ देर हमने सोचा–
'अपने समय से निकलकर,
देश-काल–सबसे छिटककर
जाएँ तो जाएँ कहाँ!'
कुछ देर सोचने के बाद तय किया–
'नहीं, किसी स्वर्ण-युग में तो नहीं जाएँगे–
क्या करेंगे–चन्द्रगुप्त मौर्य या विक्रमादित्य,
हर्षवर्द्धन, अशोक, अकबर के युग तक जाकर?
गये अगर–बस अड्डा छू लौट आएँगे,
छू लौट आएँगे–
चाणक्य की चुटिया, बैताल की लुटिया,
दानयज्ञ के बाद बची हुई हर्षवर्द्धन की खाली टोकरी
या अशोक की उठकर गिरी हुई तलवार
या बीरबल की खिचड़ी-विचड़ी!
जाना ही होगा तो जाएँगे मोहनजोदड़ो–
मिट्टी की पहली गाड़ी का पहिया बनने!'
सोच ही रहे थे कि आया सिपाही
और उसने हमको गरदनिया दी–
'हवाई किलों में रहने वालो–
बन्द करो अपनी यह मियाँ की मल्हार–
निकलो, बाहर निकलो!
करो, बन्द करो, हवा में रहना बन्द करो!'
अब उसको कैसे समझाते हम–
हवा का नहीं होता हवाई किला

बारिश की दीवारें होती हैं उसकी,
बाकी वह होता है सिहरी-सिहरी आग का!

खैर, चल निकलने के पहले हमने अपने
हवाई किले की दीवारों में दबी पड़ी
सारी सिसकियाँ चुनीं
और उन्हें इतिहास के उतरे तारों पर
मिजराबें घिस-घिसकर बजा दिया—जैसा-तैसा!
भीतर के तहखानों से हम बाहर निकले
तो अब हम पूरी तरह बेघर थे—
रहने को घर ही नहीं था—
सो हम बढ़े एक-दूसरे के भीतर—
बेले की कुछ झाड़ियाँ थीं वहाँ—
और एक था पृथ्वी थिएटर—
गाय-वाय, हिरण-विरण, हंस-मोर-हाथी,
घोड़ा-टमटम-रथ-फिटिन, दुश्मन-साथी,
अक्षौहिणी सेना, द्वापर और त्रेता,
साधु-वाधु-बुद्धू-जोकर-अभिनेता,
गुरु-वुरु, शिष्य-विष्य एक-दूसरे के हम बने-वने!
खेल-खाल, गा-नाच, हँस-रोकर
अच्छा-सा एक नाट्य रचकर
कोई जगह और मिली नहीं
तो अन्ततः
एक उठल्लू समय में भी
आखिर हम बस ही गये
एक-दूसरे के वजूदों की सरहद पर!

हरियाली है एक पत्ती का खो जाना

मेरे चारों ओर लकड़ियाँ हैं।
मेरा मन नहीं लगता।
एक कुल्हाड़ी भी है।
मेरा मन फिर भी नहीं लगता।
कुल्हाड़ी गाती है।
इसकी ठक्-ठक्-ठक् में छन्द है जरूर,
कुछ तो हो ही रहा है।
आखिर इन्हीं कुंदों के/दरवाजे बनेंगे
और खिड़कियाँ...।
कुछ लोग जाएँगे, कुछ आएँगे!
कितनी बुरी बात है—
मेरा मन फिर भी नहीं लगता!
एक पत्ती मेरी थी।
वही दरअसल खो गयी है।
अपने को डाँटती हूँ मैं रोज—
'क्या हुआ, पत्ती ही तो थी—
इत्ती-सी पत्ती—
हरी थी तो क्या—
आखिर इक पत्ती की क्या बिसात!
हरियाली इक पत्ती का नाम थोड़े है!

हरियाली है एक पत्ती का खो जाना
छतनार पत्तों के जंगल में!'
और ये जो कहीं
मन ही नहीं लगने का
सारा चक्कर है—
दरअसल है एक जिद्दी धमक
किसी ठूँठ पर
पत्ती के
फिर फूट पड़ने की।
यही धमक
सुनती हूँ गयी रात
ओस टपकती है जब
दुनिया की हर ठूँठ पर!

घुमन्तू टेलीफोन

हद्द चलै सो मानवा, बेहद चलै सो साध,
लेकिन न हद, न ही बेहद–
एक बन्द मुट्ठी मेरी सरहद!

जा तो कहीं भी सकती हूँ–
लेकिन इस आदमी की जेब में।

तार जोड़ सकती हूँ
अपने दिमाग का कहीं से–
लेकिन इसके अँगूठे के नीचे।

जब यह सो भी जाएगा–
तकिए के नीचे दबाएगा मुझको!
टिक्-टिक्-टिक् सुनती हुई
इसकी कलाई-घड़ी की–
चुपचाप मैं दर्ज करती रहूँगी
अपने सीने में इसकी खातिर
एस.एम.एस.।
जगह-जगह से आएँगे ये सारी रात,

दहकेंगे ये गुपचुप सन्देश
भर-रात मेरे अँधेरों में
सपनों-स्मृतियों की
बिल्ली-आँखें बनकर :
अम्मा की हारी-बीमारी,
मौला की कोर्ट-कचहरी,
ऑफिस के सब रगड़े-झगड़े!
अफरा-तफरी के वे
कितने अधूरे-से उत्तप्त चुम्बन!
कितनी घुटी-सी पुकारें!
हल्की रुलाई की
अवरुद्ध, बेचैन कई सिहरनें
करती रहेंगी मुझमें छटपट भर-रात।
घायल कबूतर के पंख भरे हैं मुझमें
जो बेखयाली में
एक-एक कर नोंच फेंकेगा
यह कल तक :
कहीं-कहीं कुछ रोएँ सहलाता
कभी बीच में रुक भी जाएगा!

कितनी भी हो आधुनिक दुनिया—
प्राचीन रहती हैं अभिव्यक्तियाँ
प्यार की, नफरत की!
अमरीकी महाध्वंस के पहले
होती थीं जैसी बगदाद की सड़कें :
हूँ मैं कुछ-कुछ वैसी

अधुनातन बाजारों के ही समानान्तर
सजे हुए हैं मुझमें
हाट पुराने—मीना बाजार,
जैसे कि भग्नावशेष पुरातात्त्विक
महानगर की छाती पर।

दलाईलामा

दलाईलामा लगातार हँसते हुए
सम्बोधित कर रहे थे
एक बड़ी जनसभा!
दुभाषिया बहुत गम्भीर था।
उसको हँसने की फुर्सत ही नहीं थी!
अंग्रेजी के जाल में सावधानी से
पकड़ रहा था तिब्बती भाषा की तितलियाँ
जो लामा के फूल जैसे होंठों से उड़ती-उड़ती
कभी तिब्बती बच्चों के कान पर बैठ जाती थीं
कभी उनकी माँओं के चमकीले परिधानों पर—
जो उनकी शादी के जोड़े थे शायद!
(गिने-चुने आयोजनों पर निकलते थे,
फिर भी किनारों से फटने लगे थे!
वैसे, चमक उन पर
खूब महीन जरी के काम की
अभी बरकरार थी—
बूढ़ी आँखों में उम्मीद की इक टिमक जितनी!)
आर्य सत्य समझा रहे थे दलाई लामा!
कुछ कहते-कहते जो हाथ उठाया—
उनकी बाईं बाँह पर मुझको दीखा

बचपन में कभी पड़ा चेचक का टीका,
और फिर सहसा ही कौंधा—
'अरे-अरे, यह ऐसी बातें करने वाला
इसी लोक का है, इस युग का है और
आदमी है!'

मेरे बिलकुल सामने
प्रवचन-मग्न बाबा के कन्धों पर बैठे
इस गुलथुल बच्चे की तरह कभी
गुटुर-गुटुर दूध पिया होगा उन्होंने
खुद दुधपिलाई उठाकर,
खुद पोंछ ली होगी नाक कभी स्वेटर से
माँ को कहीं काम में मग्न पाकर!

क्या जानते हैं हम तिब्बत के बारे में—
दलाई, राहुल सांकृत्यायन और रेनपोचे, मॉनेस्ट्री,
चाउमीन, सस्ते स्वेटर-चप्पल, चीन, बरफ,
खोई आँखें, भोले चेहरे और वफादार कुत्ते!
आर्य सत्य क्या करता होगा
चिंदी-चिंदी बिखरे जीवन के
अनार्य सत्यों का?
सच्चाई की भी क्या होती हैं श्रेणियाँ?
अलग-अलग होती हैं जातियाँ
सच्चाई की भी?
ऊपर परम सत्य,
नीचे फिर और क्षुद्र सच्चाइयाँ :
भूख-प्यास, गर्मी-सर्दी, मोह-क्रूरता,

प्रेम और नफरत–
सचमुच क्या होते हैं ये सत्य क्षुद्रतर?
दलाई, आप ही बताएँ–
ऊँची-नीची होती हैं क्या
सत्य-मेखलाएँ–
जैसे पर्वत-शृंखलाएँ?

मैं तो किसी छोटे-से सच की
गहरी गुफा में रहूँगी,
कभी-कभी मिलने आऊँगी, दलाई तो
बाकी बड़े सत्य तब ही समझूँगी!

बेरोजगार

किसी कॉलसेंटर के घचर-पचर-सा
रतजगा जीवन :
क्या जाने कब बन्द हो जाए!
इन दिनों पढ़ता हूँ बस पुरातन लिपियाँ!
पढ़ लेता हूँ थोड़ी-थोड़ी!
हर भाषा है दर्द की भाषा–
जब से समझने लगा हूँ–
चाहे जिस भाषा में लिखी हो–
मैं बाँच सकता हूँ चिट्ठी!
अपने अनन्त खालीपन में
यही एक काम किया मैंने–
हर तरह के दर्द की डगमग
स्वरलिपियाँ सीखीं!
मुझमें भी एक आग है–
लिखती है जो कुछ-कुछ
हवा के फटे टुकड़े पर
और फिर उसको मचोड़कर
डालती है टूटी खटिया के नीचे!
ये टुकड़े खोलकर कभी-कभी
माँ पढ़ती है

और फिर उसके चश्मे पर जम जाती है धुन्ध।
यही एक बिन्दु है जहाँ आग मेरी
हो जाती है पानी-पानी।
ये मेरे बँधे हुए हाथ हैं अधीर।
ये कुछ करना चाहते हैं।
इनमें है अभी बहुत जाँगर,
ये पहाड़ खोदकर बहा सकते हैं
दूध की धारा।
इनको नहीं होती चिन्ता
कि होगा क्या जो पहाड़ खोदे पे
निकलेगी चुहिया।
खुरदुरे और बहुत ठंडे हैं
ये मेरे बँधे हुए हाथ--
चुनी नहीं इन्होंने झरबेरियाँ अब तक
बुहारी नहीं कभी झुककर
अपनी धरती की मिठास
आखिरी कण तक।
कभी कोई पैबन्द वाला दुपट्टा
फैला ही नहीं सामने इनके
झरबेरियाँ माँगता हँसकर।
चाँद अब उतना पीला भी तो नहीं रहा—
उसके पीलेपन पर पर्त पड़ गयी है
धूसर-धूसर!
उतनी तो चीकट नहीं होती
चीमड़ से चीमड़ बनिए की बही।
अनब्याही दीदी के रूप की तरह
धीरे-धीरे ढल रही धूप
भी उतनी धूसर, उतनी ही थकी हुई।

ऐ तितली, बोलो तो—
कितनी है दूर रास्ता
आखिरी आह से
एक अनन्त चाह का?
'चाहिए' किस चिड़िया का नाम है?
यह कभी यह
तुम्हारे आँगन में उतरी है?
बैठी है हाथों पर?
फिर कैसे कहते हैं लोग—
हाथ की एक चिड़िया
झुरमुट की दो चिड़ियों से बेहतर।
मलता हुआ हाथ
सोचता हूँ अकसर—
क्या मेरे ये हाथ हैं
दो चकमक पत्थर?

अनुपस्थित

वह जो कि है कि नहीं—सबसे सुन्दर है :
जैसे कि गर्माहट, प्यार-प्यार, खुशी और
उम्मीद।
वह जो कि है ही नहीं—सबसे सुन्दर है :
वृद्धा की कुटिया से अधिक शान्त,
नाले की परियोजना से भी ज्यादा उपयोगी
और मृतक की मुस्कान-सी अनन्त।
उस डाल की तरह निश्चित
जिसका कि अन्तिम फल अभी-अभी टूटा।
यह देश का कैदखाना है,
पर कैदखाने की भी बेहतरी के लिए
करनी है कुछ दौड़-धूप।
जाना वहाँ न जाने कहाँ,
लाना उसे न जाने किसे
एक बड़ा व्यवसाय है क्योंकि
वह जो कि है ही नहीं, सबसे सुन्दर है।
एक अनुपस्थित तारे के नीचे
बचपन की दूरबीन हेरा करती थी
ईश्वर की दाढ़ी में तिनका—
बादल में बिजली-सा छुपा पड़ा।

माचिस के डिब्बों के टेलीफोन सुनते थे
पोखर के तल पर सोए
कछुए की चुप्पी।
यह तो हमने अपना
पहला पका बाल कंघी में चूमते हुए जाना
मुरझाने की गन्ध होती है सबसे ज्यादा मादक,
खँडहर सबसे पुख्ता घर होते हैं–
उनमें रहते हैं तभी वे सब
जो कि कहीं भी नहीं रहते–
वह जो कि है ही नहीं
या फिर बचा हुआ है थोड़ा-थोड़ा
या फिर कुछ होने की प्रक्रिया में है–
सुन्दर वही है
और सौन्दर्यशास्त्र का
एक नियम है गजब-सा–
जो थोड़ा भी सुन्दर है, सबसे सुन्दर है।

तुलसी का झोला

मैं रत्ना—कहते थे मुझको रतनतुलसी
रतन—मगर गूदड़ में सिला हुआ!
किसी-किसी तरह साँस लेती रही
अपने गूदड़ में
उजबुजाती-अकबकाती हुई!
सदियों तक मैंने किया इन्तजार—
आएगा कोई, तोड़ेगा टाँके गूदड़ के,
ले जाएगा मुझको आके!

पर तुमने तो पा लिया था अब राम-रतन,
इस रत्ना की याद आती क्यों?
'घन-घमंड' वाली चौपाई भी लिखते हुए
याद आयी?...नहीं आयी?

'घन-घमंड' वाली ही थी रात वह भी
जब मैं तुमसे झगड़ी थी!
कोई जाने या नहीं जाने, मैं जानती हूँ क्यों तुमने
'घमंड' की पटरी 'घन' से बैठाई!
नैहर बस घर ही नहीं होता,
होता है नैहर अगरधत्त अँगड़ाई,

एक निश्चित उबासी, एक नन्ही-सी फुर्सत!
तुमने उस इत्ती-सी फुर्सत पर
बोल दिया धावा
तो मेरे हे रामबोला, बमभोला—
मैंने तुम्हें डाँटा!
डाँटा तो सुन लेते
जैसे सुना करती थी मैं तुम्हारी...

पर तुमने दिशा ही बदल दी!
थोड़ी-सी फुर्सत चाही थी!
फुर्सत नमक ही है, चाहिए थोड़ी-सी,
तुमने तो सारा समुन्दर ही फुर्सत का
सर पर पटक डाला!

रोज फींचती हूँ मैं साड़ी
कितने पटके, कितनी रगड़-झगड़—
तार-तार होकर भी
वह मुझसे रहती है सटी हुई!
अलगनी से किसी आँधी में
उड़ तो नहीं जाती!

कुछ देर को रूठ सकते थे,
ये क्या कि छोड़ चले!
क्या सिर्फ गलियों-चौबारों में मिलते हैं
राम तुम्हारे?

'आराम' में भी तो एक 'राम' है कि नहीं—
'आराम' जो तुमको मेरी गोदी में मिलता था?

मेरी गोदी भी अयोध्या थी, थी काशी!
तुमने कोशिश तो की होती इस काशी-करवट की!
एक 'विनय पत्रिका' मेरी भी तो है,
लिखी गयी थी वो समानान्तर
लेकिन बाँची नहीं गयी अब तलक!

जब कुछ सखियों ने बताया–
चित्रकूट में तुम लगाते बैठे हो तिलक
हर आने-जाने वाले को–
मैंने सोचा, मैं भी हो आऊँ,
चौंका दूँ एकदम से सामने आकर!

पर एक नन्हा-सा डर भी
पल रहा था गर्भ में मेरे,
क्या होगा जो तुम पहचान नहीं पाये
भक्तों की भीड़-भाड़ में?

आईना कहता है, बदल गया है मेरा चेहरा,
उतर गया है मेरे चेहरे का सारा नमक
नमक से नमक धुल गया है (आँखों से चेहरे का!)

आँखों के नीचे
गहरी गुफा की
हहाती हुई एक साँझ उतर आयी है!
गर्दन के नीचे के दोनों कबूतर
चोंच अपनी गाड़कर पँख में बैठे–
काँपते हैं लगातार–
आँसू उसके होंठ में वे टपकते!

सोचती गयी रास्ते-भर—कैसे मिलोगे!
सौत तो नहीं न बनी होगी
वो तुम्हारी रामभक्ति?

एक बार नहीं, कुल सात बार
पास मैं तुम्हारे गयी
सात बहाने लेकर!
देखा नहीं लेकिन एक बार भी तुमने
आँख उठाकर!
क्या मेरी आवाज भूल गये—
जिसकी हल्की-सी भी खुसुर-फुसुर पर
तुमसे हहा उठता था समुन्दर?
वो ही आवाज भीड़ में खो गयी
जैसे आनी-जानी कोई लहर!
'तटस्थ' शब्द की व्युत्पत्ति
खूब तुमने समझाई, प्रियवर!

एक बार मैंने कहा—
'बाबा, हम दूर से आयी हैं घाट पर,
खाना बनाना है, मिल नहीं रही सूखी लकड़ी,
आपके झोले में होगी?
कहते हैं लोग, आपके झोले में
बसती है सृष्टि,
दुनिया में ढूँढ-ढाँढकर
आ जाते हैं सारे बेआसरा
आपके पास,
जो चीज और कहीं नहीं मिली,
आपके झोले में तो रामजी ने

अवश्य ही डाली होगी!'
बात शायद पूरी सुनी भी नहीं,
एक हाथ में आप घिसते रहे चन्दन,
दूसरे से लकड़ी मुझको दी

सचमुच कुछ लकड़ियाँ झोले में थीं—
जैसे थी लुटिया, आटा, बैगन,
धनिया, नमक की डली,
एक-एक कर मैंने सब माँगीं
दी आपने सर उठाए बिना,
जैसे औरों को दीं, मुझको भी!

लौट रही हूँ वापस...खुद में ही
जैसे कि अंशुमाली शाम तक
अपने झोले में वापस
रख लेता है अपनी किरणें वे बची-खुची
कस लेता है खुद को ही
अपने झोले में,
मैं भी समेट रही हूँ खुद को

अपने झोले में ही!
अब निकलूँगी मैं भी
अपने संधान में अकेली!
आपका झोला हो आपको मुबारक!
अच्छा बाबा, राम-राम!

मरने की फुर्सत

(एक रेड इंडियन लोकगीत के आधार पर पल्लवित)

ईसा मसीह
औरत नहीं थे
वरना मासिक धर्म
ग्यारह बरस की उमर से
उनको ठिठकाए ही रखता
देवालय के बाहर!

बेथेलेहम और यरूशलम के बीच
कठिन सफर में उनके
हो जाते कई तो बलात्कार
और उनके दुधमुँहे बच्चे
चालीस दिन और चालीस रातें
जब काटते सड़क पर,
भूख से बिलबिला कर मरते
एक-एक कर—
ईसा को फुर्सत नहीं मिलती
सूली पर चढ़ जाने की भी!
मरने की फुर्सत भी

कहाँ मिली सीता को
लव-कुश के
तीरों के
लक्ष्यभेद तक?

आम्रपाली

था आम्रपाली का घर
मेरी ननिहाल के उत्तर!
आज भी हर पूनो की रात
खाली कटोरा लिये हाथ
गुजरती है वैशाली के खँडहरों से
बौद्धभिक्षुणी आम्रपाली।

अगल-बगल नहीं देखती,
चलती है सीधी—मानो खुद से बातें करती—
शरदकाल में जैसे
(कमंडल-वमंडल बनाने की खातिर)
पकने को छोड़ दी जाती है
लतर में ही लौकी—
पक रही है मेरी हर माँसपेशी,
खदर-बदर है मेरे भीतर का
हहाता हुआ सत!

सूखती-टटाती हुई
हड्डियाँ मेरी
मरे कबूतर जैसी

इधर-उधर फेंकी हुईं मुझमें।
सोचती हूँ—क्या वो मैं ही थी—
नगरवधू—बज्जिसंघ के बाहर के लोग भी जिसकी
एक झलक को तरसते थे?
ये मेरे सन-से सफेद बाल
थे कभी भौंरे के रंग के, कहते हैं लोग,
नीलमणि थीं मेरी आँखें
बेले के फूलों-सी झक सफेद दन्तपंक्ति :
खँडहर का अर्द्धध्वस्त दरवाजा है अब जो!
जीवन मेरा बदला, बुद्ध मिले,
बुद्ध को घर न्योतकर
अपने रथ से जब मैं लौट रही थी
कुछ तरुण लिच्छवी कुमारों के रथ से
टकरा गया मेरे रथ का
धुर से धुर, चक्के से चक्का, जुए से जुआ!
लिच्छवी कुमारों को ये अच्छा कैसे लगता,
बोले वे चीखकर—
'जे आम्रपाली, क्यों तरुण लिच्छवी कुमारों के धुर से
धुर अपना टकराती है?'
'आर्यपुत्रो, क्योंकि भिक्खुसंघ के साथ
भगवान् बुद्ध ने भात के लिए मेरा निमंत्रण किया है स्वीकार!'
'जे आम्रपाली!
सौ हजार ले और इस भात का निमंत्रण हमें दे!'
'आर्यपुत्रो, यदि तुम पूरा वैशाली गणराज्य भी दोगे,
मैं यह महान् भात तुम्हें नहीं देने वाली!'

मेरा यह उत्तर सुन वे लिच्छवी कुमार
चटकाने लगे उँगलियाँ :

‘हाय, हम आम्रपाली से परास्त हुए तो अब चलो,
बुद्ध को जीतें!’
कोटिग्राम पहुँचे, की बुद्ध की प्रदक्षिणा,
उन्हें घर न्योता,
पर बुद्ध ने मान मेरा ही रखा
और कहा—‘रह जाएगी करुणा, रह जाएगी मैत्री,
बाकी सब ढह जाएगा...’
‘तो बहा काल-नद में मेरा वैभव...
राख की इच्छामती,
राख की गंगा,
राख की कृष्णा-कावेरी,
गरम राख की ढेरी
यह काया
बहती रही
सदियों
इस तट से उस तट तक!
टिमकता रहा एक अंगारा,
तिरता रहा राख की इस नदी पर
बना-ठना,
ठना-बना
तैरा लगातार!

तैरी सोने की तरी!
राख की इच्छामती!
राख की गंगा!
राख की कृष्णा-कावेरी।
झुर्रियों की पोटली में
बीज थोड़े-से सुरक्षित हैं—

वो ही मैं डालती जाती हूँ
अब इधर-उधर!
गिर जाते हैं थोड़े-से बीज पत्थर पर,
चिड़ियाँ का चुग्गा बन जाते हैं वे,
बाकी खिले जाते हैं जिधर-तिधर
चुटकी-भर हरियाली बनकर।'

सुनती हूँ मैं गौर से आम्रपाली की बातें
सोचती हूँ कि कमंडल या लौकी या बीजकोष—
जो भी बने जीवन, जीवन तो जीवन है!
हरियाली ही बीज का सपना,
रस ही रसायन है!

कमंडल-वमंडल बनाने की खातिर
शरदकाल में जैसे पकने को छोड़ दी जाती है
लतर में ही लौकी
पक रही है मेरी हर माँसपेशी तो पकने दो, उससे क्या?
कितनी तो सुन्दर है
हर रूप में दुनिया!

दण्डकारण्य

(इराझा, आलोक पुतुल, महेश वर्मा और बस्तर के अन्य साथियों के लिए)

1

दाण्ड्रयायन, ये ही वे जंगल हैं
जहाँ सिकन्दर मिलने आया था आपसे!
पूछा था उसने यहीं पर—
क्या वह कर सकता है आपके लिए!
'सामने से हट जाओ,
तुम बाधित कर रहे हो धूप का रास्ता, ऐ विजेता!'
बोले थे आप जिस ठस्से से, दाण्ड्रयायन,
जंगल के पोर-पोर में वो ही ठस्सा
फूल गया ओषधि-लताओं-सा!
गौंड़ों और भीलों ने उन्हें रक्त से सींचा।
पेटेंटेड ओषधियों के युग में, दाण्ड्रयायन
फिर बाधित है रास्ता—
धूप-हवा-रोशनी-नदी घेरे
उद्दण्ड खड़ा है विजेता!

2

दो गौंड़ सखियाँ

खोदकर लायी हैं ओषधियाँ!
जरा सुनो—
क्या कह रही हैं वे—
'ओषधि लताओ—
तुम सब जो हो आस-पास अभी
और तुम जो यात्रा पर गयी हो,
आपस में बातचीत कर लो—
एकमत होकर दो आशिष इन ओषधियों को
जो हम लायी हैं
विनयपूर्वक खोदकर—धरती की गुम चोटों की खातिर!

3

कहते थे वैद्यराज,
हर घाव का होता है
एक अपना ही प्रकाश,
उस प्रकाश में ढूँढो तो
मिल जाती है ओषधि
हर घाव की!

4

धरती की बाँह से सटी-लेटी
ओषधियाँ
दरअसल है उसकी बेटियाँ—
उसके पुण्यों का प्रसाद!
धरती की पीठ कड़कड़ा जाती है बोझ से जब भी
ये ही तो सहलाती है पीठ उसकी,

और सींच देती हैं उसकी पीड़ित संधियाँ
अपने अमृत से!

5

घुमड़ रहे हैं हर दिशा से
ये बाण जहरीले!
बिंधती हैं, फिर भी नहीं चुकता अमृत
ओषधियों का!...
उनकी नहीं होती एक्सपायरी डेट कोई,
हरदम ही रहती हैं हरी-भरी, प्रायः प्रसन्न।
और देखो तो मुझे!
दुर्वचनों से फक्क पड़ी हुई
मैं क्यों हूँ फीकी—
लावण्यहीन खाद्य-सी श्रीहत, बेस्वाद, थोड़ी-सी कड़वी।
मेरे लिए उच्चरित
दुर्वचनों की ओषधि, मुझे मधुर करो!
आएँ-न-आएँ मुझे युक्तियाँ जीवन की—
तुम मेरे भीतर के खेत में खिलो—
बाड़ों पर जैसे दुपहरिया के फूल।
इतना खिलो, खिलो खुलकर ऐसे मुझमें—
मैं खुद ही बन जाऊँ औषधि
धरती के—घावों की!
कहते थे महाभिषग,
बुद्धत्व के बीज सबमें हैं,
सारी वनस्पतियाँ हैं ओषधि
तो क्या मैं भी?

जयपुर का सुन्नमहल

एक था राजा,
एक थी रानी,
दोनों मर गये, खतम कहानी;
अरे नहीं, कहानी वहीं से शुरू होती है!
उस दिन से जिसने भी प्यार किया,
राजा हुआ और रानी!
भाषा का सुन्नमहल उसने आबाद किया!
...रानियों के इस शहर आयी तो सोचा—
राज करूँ मैं भी कुछ,
सुन्नमहल में दिरा बालूँ कि नाचूँ मैं
पगघुँघरू मीरा से माँगूँ,
ऐसी-वैसी मंगनहार नहीं, रानी हूँ
अपने इस सुन्नमहल की!
गुलज़ार है मेरा सुन्नमहल
सखियों के दम से
कि राजा तो
दुनिया के सारे राजाओं की तरह
गये हुए हैं युद्ध पर :
सोचती हूँ कभी-कभी
'धरती के कागद' पर ये फूल जो हैं—

क्या लाल-नीले-पीले शब्द हैं अधखिले?
क्या राजा ने कोई चिट्ठी लिखी है
निगूढ़ कूटलिपि में?
युद्ध के कठिन मोर्चों से उधियाती-सी
पहुँची है हम तक...!!
जब तक इस दुनिया में खुले हुए हैं
युद्ध के मोर्चे, राजा लौटेंगे कैसे?
जयपुर से भयपुर तक
भींग रहे है सब
एक अगिन-बरखा में!
नाच रहे हैं लगातार
और उधर—समानान्तर—
नाच रही है बूँदें—बारिश की
तपते तवे में—छन-छन-छन, छनन-छनन—
नाच रही हैं लगातार
पत्तों पर, धूल के चकत्तों पर,
काजल की कोठी में,
मानिक में, मोती में।
कभी-न-कभी ठंडी होगी यह धरती,
लौटेंगे सारे सिपाही जो राजा हैं,
खुद ही...
कि राजा मरे और रानी,
उस दिन से जिसने भी प्यार किया,
भाषा का सुन्नमहल उसने आबाद किया!
लौटेंगे भयपुर से जयपुर,
उसी वक्त झट से पलटकर
मैं कहूँगी बालपोथी से—

छीलोंगे तुम अपना 'अ' से अनार?
'अ' मुझको दे दो कि
चाहती हूँ अब मैं भय को 'अभय' लिखना!
अब तक तो बोल भी नहीं पाती थी,
क्या जाने किसका था आतंक ऐसा–
'अ...अ...अ' हकलाती थी!
अच्छा, चलो मत दो–
अपनी इस हकलाहट से ही ले लेती हूँ
अ-अ-अ...
अ से अभय, अ से अक्षय,
अ से अनूठी, अनन्य, आर-पार!
राजा लौटे या नहीं लौटे,
भाषा के सुन्नमहल में मैं तो लौटूँगी
अपनी काया में गुलज़ार!

वाक्सूक्तम् : एक अन्तरपाठीय प्रयाण

जैसे कि कुन्ती ने नवजात कर्ण को बहाया था,
मैं अपनी उम्मीद रखती हूँ पानी पर
हरे-हरे पत्तों से आच्छादित एक टोकरी में
लहरों पर डोलती
पहुँचेगी आखिर कहीं तो—
कभी तो किनारे लगेगी ये!
ले जाएगा इसको गोदी उठाके
भाषा का सारथी!
मोर्चे पर औरों के यह भी युद्ध लड़ेगी—
लेकिन फँसेगा नहीं कीच में इसका पहिया!
नहीं फँसेगा
क्योंकि शापग्रस्त परशु और भाले से नहीं,
उस भाषा से लिया है इसने
अपना ब्रह्मास्त्र—
राजपाट फैला है जिसका
भयपुर से जयपुर के बीच की
हरी-भरी धरती पर!
शब्द-शब्द में गूँजती है वो अनहद-सी,
अवरुद्ध कंठ में उतरती है,
गूँगे का गुड़ है वह,

वधिरों का अन्तरसंगीत–
यह भाषा जो हँसती है
सब अर्थों पर और अनर्थों पर
'इक दिन ऐसा आएगा, मैं रूँदूगी तोय'–
ये तेवर उसीका है।
याद करो, उसी ने कहा था
जब-जब तुमने खोई थी आशा–
"मैं भाषा, पी लो मुझे और उठ बैठो!
मैं भाषा, सर्वव्याप्त और आत्मलीन,
तुम मेरी सन्तान हो,
और सत्य ही मेरा स्तन्य है,
मेरी यह गोद है तुम्हारा घर!
और मेरा घर?
मेरे हैं कई-कई घर, कई सहचर,
मैं कहीं अँटती नहीं,
साँसें हैं मेरी असवारी,
जाती हूँ भीतरी शिराओं तक तुम्हारी
और लौट आती हूँ वापस अपनी खुदी तक!
जो देखता है, मुझे देखता है,
जो सुनता है, सुनता है मुझको!
मैं स्वाद हूँ, मैं ही जिह्वा,
मैं गंध, मैं ही हूँ पृथ्वी–
फूलों-फलों-औषधियों का मत्त विलास!
जो जानता है, मुझे जानता है,
वाणी मैं, ब्रह्माण्ड है कोख में मेरी!
साँसों समुन्दर मेरा आँचल,
सन-सन-सन बहती हुई सब दिशाएँ मैं,

इस सृष्टि का पहला आँसू,
उद्दीप्त मुस्कान पहली,
हरीतिमा घास की मैं ही, आकाश की नीलिमा,
हिमाच्छन हो मेरा मन तो मैं
साधूँ निरंकुश-सी सकदम,
रस-रंग-गंध और ध्वनियाँ इस सृष्टि से बहिष्कृत करूँ
और मना कर दूँ फूलों को–
खबरदार; यदि खिले।
सारा यह रूप तुम्हारा, तुम्हारी यह चेतना
मेरा उपहार है तुम्हें!"

× ×

घर में, घर में बाहर
जब भी तलवार तनी शासन की
शब्द के खिलाफ,
भाषा ने ही उसको दी संजीवनी,
हँसकर बोली–
'सत्य ही मेरा स्तन्य है,
सत्य की संजीवनी धारा
तुममें भी उतरे कि आओ,
दूधो नहाओ।
रोग-शोक की मर्म भरी पीड़ा से,
जन्म-मृत्यु के घात-प्रतिघात से,
चंचलता के घोर आवर्तन से छिन्नमर्म तुम,
तुम्हारे लिए ही अनावृत कर रखा है मैंने
यह विशाल वक्षस्थल,
हजार बाँहें फैलाए,
तुम्हारी लिए ही खड़ी हूँ,

निजता से द्विजता, फिर तृजता तक की
यात्रा हो सुमंगल,
भू से भुवः और स्व तक विस्तीर्ण रहो,
मुझसे मुझ तक फैली यह कायनात हो तुम्हारी!'
उसके ही आश्वासन पर हरदम
मैं अपनी उम्मीद रखती हूँ पानी पर
हरे-हरे पत्तों से आच्छादित एक टोकरी में...
ले जाएगा इसको गोदी उठाके
भाषा का सारथी,
भाषा जो कभी भी, किसी को
नहीं भूलती,
भाषा जो साझा-सा घर है
भू से भुवः और स्व तक विस्तीर्ण!

नायिका भेद

आचार्य, हम इनमें कोई नहीं–
कोई नहीं, कोई नहीं, कोई नहीं–
मुग्धा, प्रगल्भा, विदग्धा या सुरतिगर्विता,
परकीया भी नहीं, न स्वकीया ही!
मुग्धाएँ जब थीं हम–
देनी थीं हमको परीक्षाएँ
बोर्ड के सिवा भी कई,
संस्थानों में प्रवेश की परीक्षाएँ देते हुए
हमें फुर्सत ही नहीं मिली
आनन्द सम्मोहिता या रतिकोविदा होने की।
रात में जगीं भी हम तो मोटी पुस्तकों में सर खपाती हुई,
चौराहे तक निकलीं भी जब अँधेरे में–
मुदिता या अभिसारिका भाव से तो नहीं,
घर के कपड़ों में बस निकल पड़ीं
चुइंगम लाने की खातिर की नींद भगे!
प्ररूढ़यौवन हुईं जब हम
नौकरी के सौ झमेले थे सर पर!
क्लासिकल स्वकीयाएँ तन-मन से करती थीं
पतिगृह की सेवा, हम तन-मन-धन से
परिजन-पुरजन की, ससुराल-नैहर की,

घर की और बाहर की
दत्तचित्त सेवाएँ करती हुई भी
फैलती रहीं कचरमकुट्ट!
स्वाधीनपतिका नहीं, न ही प्रवस्यपतिका
आनन्दसम्मोहित भी नहीं, न ही कलहान्तरिता!
कलह कभी करने का भी जी हुआ तो किससे करतीं—
बाल-बुद्धि ही थे परमेश्वर हमारे,
लगे ही नहीं वे कभी भी बराबर के—
'पिया मोर बालक हम तरुनी,
पिया ले ली—गोदक चलती बाजार' का छन्द साधती हुई
आज जिस बाज़ार में हम खड़ी है न, आचार्य जी,
उसमें पहेली नहीं, चुटकुला है हर जीव,
तुमुल कोलाहल-कलह का ऐसा
घनघोर-सा सिलसिला है यहाँ,
कबीरजी की लुकाठी से
सुलग रहे हैं बॉनफायर!
दो-चार ब्लॉगों पर
सुगबुगाता है कुछ री-मिक्स-सा,
लुसफुसा रही है कुछ इधर-उधर
'बाज़ार से गुजरा हूँ, खरीदार नहीं हूँ' की
झिलमिल-सी अन्तरपाठीयता।
हाँ तो मैं यह कह रही थी—
कि कुट्टिनी, खण्डिता वगैरह भी
हम तो नहीं हैं,
हमारा अलग से ही बनना होगा कोई प्रभेद :
फूट गये हैं घड़े
सिकहर पर टँगें नौ रसों के,
घाल-मेल सा हो गया है रसधारों का—

वीर में वात्सल्य बहता है,
शृंगार में बहती है कुछ भयावहता
शान्त भी वीभत्स या रौद्र से जा मिला है!
हर क्षण हमारा है नौ रसों का कॉकटेल
और हम भी हैं शायद मिश्र-प्रजाति वाले
बाँस का टूसा!
सुना था कहीं,
चीन देश में होती है
बाँसों की ऐसी प्रजाति
जिसका टूसा पड़ा रहता है
पचपन बरस धरती के भीतर
और तब जब चमकती है कहीं बदली
धरती की छाती दरक जाती है,
फोड़-फाड़कर सारी चट्टानें
झाँकता है बाँस का टूसा
धरती के बाहर!
भूले भटके जो आ जाती हैं
मादक घटाएँ उधर,
उनकी छाया घूँट-भर पीकर
दिन दूनी, रात चौगुनी गति से
बढ़ जाता है बाँस का टूसा
या बेहिसाब
कि उसकी गर्दन झुक जाती है,
कोई भी कंधा नहीं मिलता
जिस पर टिके उसका माथा।
हाँ, हम समझती हैं उनका दुख
जिनको सर रखने को कोई भी कंधा नहीं मिलता,
सन्न-सन्न बहती हैं सारी दिशाएँ उनके भीतर!

मलिन वस्त्र राधा का दुःख एक ऐसा ही दुख था!
हरि के पसीने से भींग गया
और विरह की धूप में सूखा
तार-तार आँचल वह राधा का
क्यों उँगलियों पर लपेटती थी राधा,
यह हम समझती हैं–
हालाँकि हमने किसी कृष्ण को कभी
कहीं नहीं देखा,
पर राधाएँ हमने देखी हैं इधर-उधर!
नागमती 'पद्मावत' वाली–
बड़े पलंग पर कहीं एक ओर लुढ़की पड़ी
और गहन बारिश में निपट अकेली
अपनी झोपड़ी छवाती हुई
लगती है कैसी–
जानती हैं हम ये अच्छी तरह से!
कुछ हममें अब भी बचा है दुख
अपभ्रंश गीतों की उन चिरंतन विरहिनों का!
युद्ध से घायल हो घर लौटे घोड़े का
दुःख जानती हैं हम,
जानती हैं ये कि लगता है कैसा
घुड़साल में उनको कहीं एक ओर बाँधकर
अनमने कदमों से चल देता है घुड़सवार
और कभी वापस नहीं लौटता।
धीरे-धीरे भूल जाता है पोर-पोर उनका–
क्या होता है खरहरा
और नाल गप से गले मिलती है कैसे–
कटे-फटे खुर भूल जाते हैं!
अच्छी तरह हम समझती हैं

हर बात पर चौंकती हैं क्यों
उत्कंठिताएँ!
धीरा-अधीरा वो रहती हैं क्योंकर
काम नहीं आते क्यों उनके
वर्षों से संचित संज्ञान और अनुभव?
क्यों खोटे सिक्के हो जाते हैं
सारे शुभाशय?
बजता नहीं कभी भूले से फिर भी—
हाथों में क्यों हरदम रखती हैं
अपना मोबाइल?
क्यों ध्यान से पढ़ती हैं
संदेश विज्ञापन कम्पनियों का
अपना धुँधला चश्मा पोंछकर?
किसका है इंतजार इनको?
कोई कभी भी नहीं आता इनके सिरहाने!
सिर्फ एक वैद्यराज आते हैं
और भटकटैया में अश्वगंधा की
बस 'भावना' मिलाकर
कुछ रसायन-सा पिलाते हैं।
गौरैया की नींद सोती हैं
और छपाक् जाग जाती हैं
जो आधी रात कुहकती हैं कुरलियाँ
सूखी तलैया में।
छाती पर हाथ धरे सोचती हैं कुछ-कुछ।
छाती पर हाथ धरे क्या सोचती हैं वे?

ब्लाउज

मेरा ब्लाउज
मेरे बच्चे का गुल्लक है।
कहीं से भी घूमता-टहलता हुआ
आता है
और बड़े निश्चिंत भाव से
पोस्ट वहाँ कर जाता है
चकमक पत्थर,
सीपी,
सिगरेट की पन्नियाँ,
खिलौनों के नट-बोल्ट,
सारे अखोर-बखोर।

कभी-कभी मैं ऊबकर
उसे मारने दौड़ती हूँ–
अकसर तो वह भाग जाता है,
और अगर कभी पिट गया तो
सुकुर-सुकुर रोता-बिसूरता
नाक-आँख
सब रगड़ देता है

ब्लाउज से।
बेचारे ब्लाउज की
नन्ही-सी जान
डरकर चिपक जाती है
मुझसे!

मृत्युगंध पर फेनाइल

शतरूपा वह!
उन्मत्त-ह्वेल की तरह
महासागर पर।

पिछले बरस वह उड़ी थी
बगदाद की सड़कों पर
'अरेबियन नाइट्स' के किस्सों की
अबाबील बनकर।
स्कूल के रस्ते में चलती थी वह
बनकर लकड़सुँघवा!

बर्फीली सिल्ली पर
मेरे ही इन्तजार में लेटे पापा की
नीली हँसी बनकर
एक अर्से तक वह टिकी रही
घर की अँधेरी मुँडेर पर।
फिर धीरे-धीरे मेरे पीछे
एक पालतू बिल्ली बनकर
चलती रही ठाठ से—दूर तक!

शतरूपा इस मृत्युगंध से
अफरे रहते हैं अखबार—
रोज सुबह बिछते हैं जो आसानी बनकर
ढाबे की खुदुर-बुदुर बेंच पर!

अब जब मैं भी सुई में धागा
नहीं लगा पाती चश्मे के बगैर—
करती हूँ इन्तजार कि कहीं से बेटा आये
और मदद कर जाए—
अधसिले कपड़ों पर चुन्नटें डालती हुई
सोचती हूँ ये अकसर—
ऐसे ही मनोयोग से सिलकर
बचपन में
कितनी तो झालरें पिन्हाई गयी थीं मुझे भी—
उपदेश-आदेश-संदेश—
एक देश सबमें था नेकनीयती का!
यह बात, वैसे, अलग है कि
नेकनीयती से ही पटा पड़ा होता है
हर नर्क का रास्ता!

दूर क्षितिज पर खड़ाऊँ खड़कती है।
एक आवाज बढ़ी आती है—भूजपत्र-सी जर्जर—
'हर दिन ही जीवन को ऐसे जीना चाहिए जैसे अन्तिम हो!
बग्घी किसी दिन रुक सकती है!
अच्छी तरह निबटाकर रखो काम-काज,
हर बेला चल-चलंत की बेला,
कोई भी मुलाकात अन्तिम हो सकती है!

इसलिए गठरी रहे हरदम तैयार!'
'गठरी? कैसी गठरी?' पूछता है बेटा,
'अपना वह अगड़म-बगड़म वाला थैला तुम मुझको दो,
इसी में पड़ी होगी मेरी खोई सीटी,
तुम्हारी सिलाई की रीलें भी होंगी–
दोनों मिलाकर बनाऊँगा मैं गाड़ी।'
कहता है वह छीना-झपटी मचाता
और सारा दर्शन चल-चलंत का
रह जाता है ठगा-सा उसको देखता!

जुएँ

किसी सोचते हुए आदमी की
आँखों-सा नम और सुन्दर था दिन!
पंडुक बहुत खुश थे
उनके पंखों के रोएँ
उतरते हुए जाड़े की
हल्की-सी सिहरन में
उत्फुल्ल थे!
सड़क पर निकल आये थे खटोले!
पिटे हुए दो बच्चे
गले-गले मिल सोये थे एक पर—
दोनों के गाल पर ढलक आये थे
एक-दूसरे के आँसू!
'औरतें इतना काटती क्यों हैं?'
कूड़े के कैलाश के पार
गुड्डी चिपकाती हुई लड़की से
मंझा लगाते हुए लड़के ने पूछा—
'जब देखो, काट-कूट, छील-छाल, झाड़-झूड़—
गोभी पर, कपड़ों पर, दीवार पर
किसका उतारती हैं गुस्सा?
हर घर के आगे है कूड़ा?

फेंकी हुई चीजें भी
खूब फोड़ देती हैं भाँडा
घर की असल हैसियत का।'
लड़की ने कुछ जवाब देने की
जरूरत नहीं समझी
और झट से दौड़कर
बैठ गयी उधर
जहाँ जुएँ चुन रही थीं सखियाँ
एक-दूसरे के छितराए हुए केशों से!
दरअसल जो चुनी जा रही थीं–
सिर्फ जुएँ नहीं थीं–
घर के वे सारे खटराग थे
जिनसे भन्नाया पड़ा था उनका माथा!
क्या जाने कितनी शताब्दियों से
चल रहा है सिलसिला
दूसरी उतनी ही पुरातन सखी के
छितराए हुए केशों से
चुन रही हैं जुएँ, सितारें और
चमकुल।

अक्षर-ज्ञान

चौखटे में नहीं अँटता
बेटे का 'क'
कबूतर ही है न–
फुदक जाता है जरा-सा!
पंक्ति से उतर जाता है
उसका 'ख'
खरगोश की खालिस बेचैनी में!
गमले-सा टूटता हुआ उसका 'ग',
घड़े-सा लुढ़कता हुआ उसका 'घ'
'ङ' के 'ड' को वह समझता है 'माँ'
और उसके बगल के बिन्दु (˙) को मानता है
गोदी में बैठा 'बेटा'

माँ-बेटे सधते नहीं उससे
और उन्हें लिख लेने की
अनवरत कोशिश में
उसके आ जाते हैं आँसू।
पहली विफलता पर छलके ये आँसू ही
हैं शायद प्रथमाक्षर
सृष्टि की विकास-कथा के।

चुटपुटिया बटन

मेरा भाई मुझे समझाकर कहता था—'जानती है, पूनम—
तारे हैं चुटपुटिया बटन
रात के अँगरखे में टँके हुए!'
मेरी तरफ 'प्रेस' बटन को
चुटपुटिया बटन कहा जाता था,
क्योंकि 'चुट' से केवल एक बार 'पुट बजकर
एक-दूसरे में समा जाते थे वे।

वे तभी तक होते थे काम के
जब तक उनका साथी
चारों खूँटों से बराबर
उनके बिलकुल सामने रहे टँका हुआ!

ऊँच-नीच के दर्शन में उनका कोई विश्वास नहीं था!
बराबरी के वे कायल थे!
फँसते थे, न फँसाते थे—चुपचाप सट जाते थे।
मेरी तरफ प्रेस-बटन को चुटपुटिया बटन कहा जाता था,
लेकिन मेरी तरफ से लोग खुद भी थे
चुटपुटिया बटन
'चुट' से 'पुट' बजकर सट जाने वाले।

इस शहर में लेकिन 'चुटपुटिया' नजर ही नहीं आते—
सतपुतिया झिगुनी की तरह यहाँ एक सिरे से गायब हैं
चुटपुटिया जन और बटन।
ब्लाउज में भी दर्जी देते हैं टाँक यहाँ हुक ही हुक
हर हुक के आगे विराजमान होता है फँदा,
फँदे में फँसे हुए आपस में कितना सटेंगे—
कितना भी कीजिए जतन—
चुट से पुट नहीं ही बजेंगे!

दरवाजा

मैं एक दरवाजा थी,
मुझे जितना पीटा गया,
मैं उतना खुलती गयी।
अन्दर आये आने वाले तो देखा—
चल रहा है एक वृहत्‌चक्र—
चक्की रुकती है तो चरखा चलता है,
चरखा रुकता है तो चलती है कैंची-सुई,
गरज़ यह कि चलता ही रहता है
अनवरत कुछ-कुछ!

...और अन्त में सब पर चल जाती है झाड़ू—
तारे बुहारती हुई,
बुहारती हुई पहाड़, वृक्ष, पत्थर—
सृष्टि के सब टूटे-बिखरे कतरे जो
एक टोकरी में जमा करती जाती है
मन की दुछत्ती पर!

थेरी गाथा : तृष्णा नदी

भिक्षाम् देहि!
अन्न एक मुट्ठी! सम्भव अगर हो!
ठठरी है। गठरी है!
जब तक है, है ही। तो द्वार खुले?
क्या खुलने ही चाहिए सारे दरवाजे?
पूरा ब्रह्माण्ड एक भीख की कटोरी—
तृष्णा-थेरी
मुण्डितमाथ
तृष्णा-नदी
प्रफुल्ल-गात!
प्रतिबिम्बित इसमें आकाश
और चाँद और तारे! ये भिक्षापात्र ढेर सारे!
कानों के कान में कहीं
बह रही है कानों-कान
एक बतरस नदी!
आँखों की आँख जानती है,
जिह्वा की जिह्वा भी अन्न माँगती है
कि शब्द ब्रह्म है शायद ऐसे ही।
सूर्य नहीं है वहाँ, नहीं चन्द्रमा,
बिजली भी नहीं चमकती, सब अग्नियाँ मन्द हैं—

जठराग्नि के सिवा!
अँधियारी सी कन्दरा में कहीं
बहती है तृष्णा-नदी!

× × ×

बन्द दरवाजों के पार
ऊँघती-सी दोपहर में
दूर किसी घर में कुछ गिरा है
पीतल की गगरी-सा!
लुढ़कती चली आयी है टुनटुनाहट
कई देहलियाँ लाँघकर!
आवाज की एक नदी बह गयी है
इस घर से उस घर तक!
इसमें धोकर अपने थके हुए हाथ
सोचती है यह उसकी
चौंकी हुई उबासी—
हर घर से हर घर तक जाती है राह,
इतना अकेला नहीं होता है आदमी!
एक गूँज का दामन पकड़े
अनुगूँजें कितनी चली आएँ कब भीतर—
कान कहे!
क्या जाने कौन-कहाँ-कत का खोया
किस रूप-रस-गंध-ध्वनि की उँगली पकड़े
आ जाए मिलने, कहे—
'कहो, पहचाना? कैसे हो?'

× × ×

नहीं, नील नदी नहीं, मिसीसिपी भी नहीं, नहीं वोल्गा
दुनिया की सबसे प्रशस्तमन नदी है प्रतीक्षा।
नदियों की आँखों ने क्या-क्या देखा है—

देखे हैं भँवरों की बाँहों में नाचते हुए सार्थवाह
और उधर तट पर
आकाशदीप बालती उनकी प्रेयसियाँ सदियों से
आँखें बिछाये हुए लहरों पर!
प्यास भी एक नदी है वैसे,
एक विलम्बित प्यास—
बालू के भीतर-भीतर बहती
ले जाती है हमको कहाँ से कहाँ!
दुनिया की सब सभ्यताएँ
प्यास के तट पर बसीं!
सौदागर मोतियों से जहाज भरे हुए
आमरण भटकते रहे
एक प्यास से दूसरी तक!

× × ×

कहते हैं, एक नदी में दूसरी बार
पड़ता नहीं कोई जाल!
मछुवारे जब तक पहुँचते हैं—
शाम से अगली सुबह तक के बीच
नदियाँ हो जाती हैं नयी-नयी,
बह चुका होता है सब पुराना पानी,
बह जाता है सब आनी-बानी—
ऋतुमतियों-जैसी प्रगल्भ और कटी-कटी
रहती है रात को नदी—
करवटें बदलती हुई!
बह जाती हैं सारी स्मृतियाँ सपनों में,
अवचेतन में डूब जाते हैं सारे नैवेद्य
और चाँद-तारे!
सुबह किसी भूले हुए स्वप्न-सी

उठ जाती है आँख मलती हुई!
विस्मृतियाँ भी हैं नदी शायद
बोलो, तुम्हीं बोलो, है कि नहीं?
शकुन्तला मुझसे कल बोली–
'मछली के पेट की अँगूठी
मेरा पहचान-पत्र क्यों होती।
भरत के पिता के जो साथ गयी,
वह भरत की माँ रही होगी,
मैं तो नहीं थी!
एक नदी में दूसरी बार
पड़ता नहीं कोई जाल,
मैं भी थी एक नदी–
स्मृतियाँ-विस्मृतियाँ
प्यास और प्रतीक्षा की
एक उद्दाम लहर–
एक अनन्त से
दूसरे अनन्त तक
उद्भ्रान्त-सी
घूमती!

ढाई आखर

हारे-थके आये, खिड़की से कुर्सी सटायी और बैठ गये,
खोल लिया कुरते का एक बटन,
पोंछ लिया कुरते की बाँह से पसीना!
यदि होता यह रीतिकाल, मैंने सोचा,
काम-काज की कोई चिन्ता नहीं होती,
दिन-भर तुम घर में ही रहते,
पचपन तरह के उपमान छाँटते,
मुझको भी लगता कि मैं कुछ हूँ,
कुछ तो मुगलते जरूरी हैं जीवन में!
बतरस-नदी और छंद-वंद, फल-फूल,
चिड़िया, तितली, चाँद, हिरण-विरण,
धरती की पूरी हरीतिमा
उपमानों से भी गायब हो गयी तो बचेगा क्या?
तुमने मेरी सोच सुन ली होंगी शायद,
क्योंकि हल्का मुस्कुराए
और चूँकि मैं कंघी कर रही थी,
तुमने मज़ाक में कहा–
"रूपसि, तेरा घन केश पाश...!"
मैं भी हँसी और बोली–
"अच्छा तो इतने दिनों में सुध आयी,
कुछ बात भी बतायी तो कब

अब जबकि कंघी लगाते ही
इन बादलों में
चम से चमक जाती है बिजली
नयी बहुरिया की फुर्ती से!"
"चाँदनी का तार ये मुबारक हैं," तुम बोले,
"ये ही देंगे तुमको"
एक नये वजूद में प्रवेश का वीसा–
आकाश खुला-खुला होगा वहाँ,
धूप बहुत नम होगी
और प्रसन्न बहेंगी हवाएँ।
कनखियों से देखेंगे हमको
खट्मिट्ठे बब्बूगोशे–
एक ही टहनी पर अगल-बगल, सटे हुए,
एक साथ पकने की गंध में नहा,
तरह-तरह से झेलते
वक्त और बारिश और हवा के थपेड़े!
'कुमारसम्भव' का उजला कबूतर
सिर पर मँडराएगा अपने,
लाल-लाल आँखें नाचाता
उड़ेगा इधर से उधर।
"अच्छा अब बस भी करो,
तुम तो मत इतना उड़ो,
मुझको चौके तक जाने दो,
तीन बार खौला
खौल-खौल सूख चुका पानी,
क्या कहेगी केतली रानी–
कितने गपोड़ी हैं ये दोनों प्राणी!"

❑❑